安心養老
心智障礙者老化服務手冊

財團法人育成社會福利基金會 編著

目次 CONTENTS

Chapter **2**

掌握心智障礙長者的照顧要訣 / 021

Chapter **3**

攜手心智障礙長者樂活老化 / 065

Chapter **4**

營造心智障礙長者的安全生活 / 105

Chapter **5**

陪伴心智障礙長者和家人面對生命議題 / 123

召集人簡介

馬海霞

為職能治療師，曾擔任社團法人中華民國身心障礙聯盟理事長、財團法人陽光基金會董事長、財團法人醫院評鑑暨醫療品質策進會董事、行政院社會福利推動委員會委員等。現為社團法人台灣社會福利總盟副理事長、陽光基金會常務董事，同時擔任財團法人育成社會福利基金會專業總督導，開創專責心智障礙長者照顧機構臺北市南港養護中心並擔任主任，負責機構管理長達 22 年。受聘擔任第 6、7、8、9、10 次全國身心障礙福利機構評鑑委員，曾參與《心智功能障礙者老化評估使用手冊暨紀錄表》之編輯。

編輯委員簡介

賴光蘭

美國聖若瑟大學特殊教育學碩士畢業,任職財團法人育成社會福利基金會執行長達 24 年,領導約一千名員工逐步擴充身心障礙服務量能。受聘擔任第 8、9、10、11 次全國身心障礙福利機構評鑑委員,曾參與《心智功能障礙者老化評估使用手冊暨紀錄表》之編輯,是專業人員也是心智障礙者家長。

朱小綺

東吳大學社會工作學系碩士班畢業,現為財團法人育成社會福利基金會副執行長,具有社工師證照,主責督導社工組及成人與早療照顧機構服務與業務。曾任台北市智障者家長協會社工員、育成社會福利基金會社工組長以及照顧機構主任,從事身心障礙專業服務長達 20 年。受聘擔任第 9、10、11 次全國身心障礙福利機構評鑑委員,曾參與《心智功能障礙者老化評估使用手冊暨紀錄表》之編輯。

鄭芬芳

現為財團法人育成社會福利基金會辦理新北市愛育發展中心主任，同時擔任臺灣社會工作專業人員協會理事。曾任財團法人伊甸社會福利基金會社工組組長、八德服務中心主任、北投老人服務中心主任。長期從事身心障礙及老人的照顧服務，參與《心智功能障礙者老化評估使用手冊暨紀錄表》之編輯，並擔任老化評估課程講師。

陳秀娟

現為台北市智障者家長協會辦理臺北市弘愛服務中心主任，受聘擔任第 8、9、11 次全國身心障礙福利機構評鑑委員。曾參與《心智功能障礙者老化評估使用手冊暨紀錄表》之編輯，從第一兒童發展中心教保員做起，致力服務於心智障礙領域並培育無數一線教保人才。

王美鳳

為資深護理師，現擔任社團法人台灣社會心理復健協會主任，及勞動部勞動力發展署技能檢定中心監評人員。曾任社團法人中華民國康復之友聯盟秘書長、台北市康復之友協會台北市一壽重殘照顧中心主任、財團法人育成社會福利基金會臺北市鵬程啟能中心主任、基隆市立仁愛之家養護大樓主任，並曾受聘擔任第 7、9、10 次全國身心障礙福利機構評鑑委員。專業服務範疇跨越精神障礙、心智障礙與老人服務，也是《心智功能障礙者老化評估使用手冊暨紀錄表》編輯者之一。

李振鴻

國立陽明大學物理治療碩士，曾擔任內政部多功能輔具資源整合推廣中心研發組長，現為財團法人育成社會福利基金會專業團隊主任兼物理治療師。致力於身心障礙者領域的相關專業服務，包含體適能評估與介入、學校系統物理治療服務、輔具介入與運用、職業輔導評量等。

王若旆

天主教輔仁大學心理學碩士，現為財團法人育成社會福利基金會諮商心理師，並擔任兒童與心智障礙者性侵害犯罪案件司法詢問員。過去曾擔任財團法人喜憨兒社會福利基金會主任、文藻外語學院身心障礙學生資源教室輔導員、迦樂醫療財團法人迦樂醫院兼任心理師及臺北市政府勞工局身心障礙者就業推展員。長期投身於身心障礙者的心理諮詢工作，提供各服務單位專業工作人員有關心智障礙服務對象心理與行為的諮詢支持。

責任編輯簡介

黃曉玲

國立中山大學社會科學院高階公共政策碩士,現為財團法人育成社會福利基金會副執行長,主責督導研發業務及社區式服務業務。擔任過精神科社工員、勞工運動者、民意代表、政府機關人員。受聘擔任第 9、10、11 次全國身心障礙福利機構評鑑委員,也是身心障礙者社區日間作業設施服務的業務主責與推動者。曾參與《心智功能障礙者老化評估使用手冊暨紀錄表》及《身心障礙者個別化服務計畫實用手冊》之編輯。

許銘麟

實踐大學家庭研究與兒童發展研究所碩士,任職財團法人育成社會福利基金會研發組擔任研究員 13 年。曾參與《身心障礙者個別化服務計畫實用手冊》之編輯及有關心智障礙者趣味體能活動設計,現主責身心障礙者權利公約(CRPD)易讀教案編輯之相關工作。

黃竹安

東吳大學社會學碩士,任職財團法人育成社會福利基金會研發組擔任研究員 7 年。曾參與《社區日間作業設施專業服務手冊》編輯及評鑑指標草案之擬定,現主責心智障礙者手足支持議題之相關工作。

協同編輯簡介

蔡崟珍

中山醫學大學物理治療學系畢業,物理治療師,現職為財團法人育成社會福利基金會副執行長,主責基金會專業團隊、職業重建相關業務之督導工作。

陳芷沂

國立中正大學高齡者教育研究所碩士,曾擔任財團法人育成社會福利基金會研發組研究員,於期間主責《心智功能障礙者老化評估使用手冊暨紀錄表》之編輯。現旅居俄羅斯。

發行人序

　　育成社會福利基金會自 1994 年創立以來，在身心障礙服務領域深耕了 27 年，秉持著「父母深情，永不放棄」的服務理念，為身心障礙者提供終身到老的服務，包括幼兒早期療育服務、成人身心障礙者照顧、就業庇護與支持，以及老憨兒照顧家園等多元服務，每年服務超過 35,000 名身心障礙者及其家庭。

　　持續深耕於社會福利領域的「育成」，除了不斷拓展各類型照顧服務外，對培育具備專業服務能力的下個世代亦相當重視，故本會將多年來的專業實務經驗與理論加以整合，並逐步提供社福單位一些系統性的專業書籍與學習課程，如「身心障礙者個別化服務計畫實用手冊暨研習課程」、「心智功能障礙者老化評估手冊暨研習課程」、「照顧機構危機預防及緊急應變手冊暨研習課程」以及這本《安心養老：心智障礙者老化服務手冊》等，為國內照顧服務單位帶來了非常實質的幫助。

　　當心智障礙者漸漸老化產生長期照顧需求時，機構就會面臨服務轉變的需求。環境設施準備為何？教保活動的配套措施為何？面臨老化長期照顧的困難和挑戰為何？這些疑問皆能在本書中獲得解答，亦避免服務提供者及其單位在經驗不足之下，走了許多彎路。

　　這本書的完成要感謝許多貴人及單位的協助，首先感謝在身心障礙領域有卓越貢獻並在本會擔任專業總督導的馬海霞老師，願意貢獻心力給予專業指導，再者感謝書中所提及的編輯委員及社福機構願意分享相關案例、環境設施及處理模式，著實豐富並提升了此書的內容及參考價值。

　　因此，這本《安心養老：心智障礙者老化服務手冊》是以實務服務經驗為基礎，彙整中高齡身心障礙福利機構的服務建議與提醒，而這些機構曾走過的經驗是重要的社會資產，期望可以提供未來欲建構中高齡社福單位的一個專業指引及藍圖。

育成基金會董事長 賴光蘭

2021 年 12 月

召集人序

　　非常高興這本《安心養老：心智障礙者老化服務手冊》一書終於順利付梓了，投入身心障礙者服務數十載，一路看著台灣身心障礙服務的從無到有，背後除了身心障礙人權意識的抬頭，還有無數從業於身心障礙服務的夥伴們一起走過的路。隨著台灣邁進高齡社會，老化、雙老、長照、健保等議題成為關注的焦點，而身心障礙福利服務機構則面臨到服務對象老化議題。除了因服務對象老化而需加強的生理照顧技巧，現在更強調的是尊嚴老化、樂活老化的概念，此外還有其家人因年邁而造成支持強度的改變，這些因素都影響著身心障礙長者的生活品質。

　　爰此，每年育成基金會辦理的心智功能障礙者老化評估課程總是非常熱門，本著在機構服務的豐富實戰經驗，我也不藏私地在課堂上分享老化服務的評估工具和實務經驗。基於服務傳承的理念，萌生了編輯老化服務手冊的想法，儘管這些知能早已烙印在腦海，但數十年功力要轉化成紙媒文字並非易事。遂 2019 年在育成基金會陳節如董事長和賴光蘭執行長的支持下，我召集了會內多位資深主管和專業團隊組成工作小組，包括有機構主任、物理治療專業、心理專業、護理專業、研發能量等，一起來完成這件事。有意思的是這些夥伴們的專業

養成來自於多年來在育成服務的累積,如今反哺他們的成長而成就了這本書。

即便集合了團隊的力量,這本書的產出仍歷經艱辛,艱辛之處來自於我們對專業品質的堅持。三年來召開了十數次的編輯會議,商議易讀易懂的閱讀架構、逐字逐句彙編精修的文字,以及力求完美而不斷重拍的範例照片。編輯的過程集眾人之力,自然也會出現意見分歧的時候,但在目標一致的前提下,總能找出共識。這些努力都是為了把書的內容做到最精準、最適切的呈現,讓所有在機構服務的教保老師都能夠接收到最正確的資訊。編輯過程中也有許多故事,例如:我們為了真實呈現心智障礙長者的服務樣貌,特別請振鴻主任拍攝真實的心智障礙長者(當然有取得本人的同意和授權),為了專業的正確性,不斷地請長者調整姿勢和位置,最後因為拍太久,長者疲累了還鬧了點脾氣,讓振鴻主任連忙安撫和賠罪,是編輯過程中的小插曲。

在這本《安心養老:心智障礙者老化服務手冊》出版之際,回顧這些過程已不覺得辛苦,只有滿滿的安慰和深深的感動,期許這本書的出版能夠對從事心智障礙長者照顧工作的服務人員有所幫助,並為心智障礙長者服務的發展盡一份力。

育成基金會專業總督導 馮 海 龍

2021 年 12 月

導言

　　受惠醫學科技的進步和社會福利系統的發展，人類平均壽命得以提高，同樣地心智障礙者的平均壽命和人數也有所增加（圖1）。研究心智障礙的學者普遍認為55歲是心智障礙者老化開始的年齡（引自萬育維譯，2004，頁180），換言之，心智障礙者的老化時間比一般人來得早，照顧需求卻比一般人來得高。當心智障礙者進入老化時，照顧心智障礙者的家庭成員亦邁入老化階段，長者照顧長者的艱辛困難成了近年

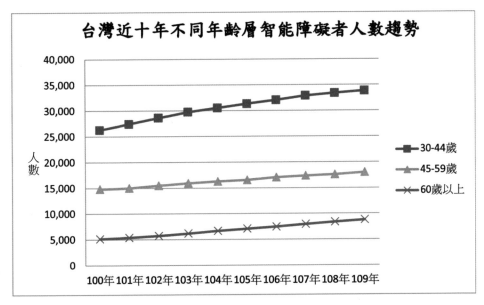

圖1　台灣近十年不同年齡層智能障礙者人數趨勢
（資料來源：整理自衛生福利部統計處，2021）

來逐漸被重視的雙老家庭現象，已從個別的家庭問題衍生為社會議題，因此肩負心智障礙者照顧工作的社會福利服務機構，是心智障礙雙老家庭重要的後盾。

　　然而，當機構發現服務的心智障礙者逐漸出現老化徵兆後，若未能及時地了解其衍生的新需求，並做出服務調整，將無法保持原有的服務水準。舉例來說，心智障礙者的認知能力和表達能力原本就有限，當老化後大腦漸漸退化，「理解別人意思」與「使別人理解自己意思」將會變得更加困難，當他們面對這些改變卻無能為力，又不了解這是正常的生理變化、老化過程，就會產生許多焦慮與挫折，進而引發情緒問題。此外，就醫對心智障礙長者也是一件困難與複雜的事情，他們常因為障礙特質或對醫療環境感到恐懼而無法配合治療，當遇到需要接受插管、氣切或仰賴呼吸器，甚至必須決定是否拔管的情形，亦無法有參與決定的機會。

　　上述心智障礙者老化所衍生的問題和需求，考驗機構服務的應變和彈性，須集合工作團隊共同檢視與調整服務策略，並與心智障礙長者商議新的服務計畫，讓心智障礙長者認知老化、接受老化，並樂活老化。這個服務調整的過程並非易事，若能有參考資料的輔助將會事半功倍。基於拋磚引玉的理念，本會除了先前已經出版的《身心障礙者個別化服務計畫實用手冊》、《心智功能障礙者老化評估使用手冊暨紀錄表》等實用工具書，更進一步在專業總督導馬海霞老師的帶領下，彙整「臺北市南港養護中心」、「臺北市鵬程啟能中心」（現東明扶愛家園前身）、「臺北市弘愛服務中心」、「新北市愛育發展中心」等機構這些年來服務心智障礙長者的經驗編輯成書。其中「臺北市南港養護中心」

更是 2009 年 4 月 7 日在臺北市政府社會局支持下專門為心智障礙長者成立的終生安養之家園，箇中的服務分享是極為可貴的寶藏。

　　本書分成五個章節，從第一章「評估心智障礙者的老化程度」開啟老化服務的基本功——評估，先了解心智障礙長者在生心理不同層面的老化狀況，才能依個別需求提供適切的服務；第二章繼而導引「掌握心智障礙長者的照顧要訣」，從生活起居、飲食衣著到清潔衛生，無私地分享所有的照顧技巧和注意事項，極為實用；第三章「攜手心智障礙長者樂活老化」是機構提供優質服務的關鍵，把每一位心智障礙長者視為敬愛的長輩尊重，而非失能老人，提供多元豐富的活動設計，並重視他們的社交生活和心理健康；第四章「營造心智障礙長者的安全生活」回到機構自身的環境條件檢視，友善的生活空間、通用的使用設備、周全的安全管理到嚴格的感染管控都是讓心智障礙長者安心養老必備的家園條件；最後一章是用謙卑的心情撰寫完成，因為生老病死是每個人都要面對的人生課題，因此「陪伴心智障礙長者和家人面對生命議題」是所有專業服務人員都要學習的知能，包括醫療決定、安寧療護，到支持手足接手主要照顧者等議題，必須嚴肅以待。

　　順著五個章節的脈絡閱讀，將得以勾勒出服務心智障礙長者的工作樣貌，原來支持心智障礙長者「安心養老」有這麼多要準備的事項、關注的細節，以及實踐的目標，期許這本書能陪伴所有投身第一線心智障礙服務的夥伴們，在老化服務的路上一起努力。

Chapter 1

評估心智障礙者的老化程度

「最近我很困擾，常常聽不到別人講話。

工作人員說這是因為我到一定年紀後聽力開始退化了。

原來這是每個人都會經歷的過程，

是很正常的老化現象，讓我安心不少。

家人同意幫我選購助聽器，我又可以聽到大家說的話了。」

　　「生命消長猶如花開花謝」，人也是一樣，有過一次輝煌的青春之後，面臨的是變老、疾病最終離開這個世界。如何讓心智障礙者的老年生活獲得完善的支持與照護，是我們首要的目標之一。

一、老化的定義

　　老化（aging）一詞泛指有機體一生中所有變化的總稱，這些變化有好有壞。年少階段我們會稱做「發展」或「成熟」期，過了 30 歲人體會出現更多變化，反映器官功能的下降，我們稱之為「衰老」（senescence）。衰老現象逐漸遍及整個人體，到最後減低了體內不同系統的功能與人類對抗疾病的抵抗力，這便是有機體發展的最後階段（林歐貴英、郭鐘隆譯，2003）。

　　一般來說，國家多以年齡來劃定標準，慣用以 65 歲作為退休年齡的界線，這是為了政治及經濟原則而設的，但超過這個年齡的人，身心健康狀況不一定比 55 歲的人差。所以說，年長不一定等於老化，老化不一定只發生在年長者的身上。

　　老化可以從四個面向來探討：

1. **自然老化**：係指人出生後便一直進行的老化過程，75 歲的人在自然年齡上要比 45 歲的人老。
2. **生理老化**：係指生理功能上的改變，因為隨著有機體自然老化，細胞繁殖數會減少，甚至不再繁殖，因而減低了器官系統的使用率。測量這類型的老化，可藉由測量一個人的器官效率、功能，以及物

理活動能力（physical activity level），因此也有人將這種老化稱為功能性老化（functional aging）。

3. 心理老化：係指心理功能的變化（如記憶力、學習能力及智力）、適應力的變化及人格的變化。

4. 社會老化：係指個人的角色以及與他人關係的轉變，例如：與家人和朋友之間的關係、有酬及無酬生產角色的轉變等。

過去延緩老化是顯學，現在則更強調接受並樂活老化。在機構接受服務的心智障礙者，隨著自然年齡的老化，生理、心理與社會面向的狀態也跟著改變，機構提供的服務應該隨著心智障礙者的需求而調整，幫助心智障礙長者接受、調整與適應身心變化所帶來的影響。

（一）生理老化

人體會隨著時間的遞延而產生功能衰退或減弱的現象，特別是生理的改變伴隨著外顯症狀，較容易為人觀察和發現，茲從生理系統觀念簡述老化所帶來的改變。

1. 神經系統構造及精神、心智功能

(1) 30 歲之後，大腦的灰質和神經元數目逐漸減少，周圍神經的神經元樹突數量和突觸密度亦會降低，大腦重量依每年約 5～7% 的速度減輕，80 歲時約為 20 歲的一半，因此對外界刺激的反應會逐漸變慢，需要給予更多的反應時間。通常人依靠過往豐富經驗和成熟的判斷能力，能適切地生活，但老化的心智障礙

者則缺乏此適應能力。

(2) 下視丘內體溫調節中樞敏感度降低，會對身體發炎的反應機轉減緩或減弱，平時除利用定時測量生命徵象來確認心智障礙長者的健康狀況外，更需要敏銳地觀察心智障礙長者有無日常表現差異，如精神不振、嗜睡或食慾降低等，來察覺心智障礙長者的不適反應並即刻積極處理。例如：器官發炎導致白血球升高，並引發發燒反應。

2.感官功能相關構造及疼痛

(1) 眼睛（視覺系統）

視力退化起因包括睫狀肌萎縮、玻璃體體積縮小和懸浮物增加、虹膜邊緣的膽固醇逐漸沉積和變硬、水晶體因蛋白質變性與脫水而變硬等。這些因素會影響瞳孔光線的通過及對光反應遲緩、整體視覺敏銳度下降、顏色對比的辨識感減弱、立體覺變差等情況，因此心智障礙長者在行走時容易跌倒。常見的眼部疾病有：白內障、老年性黃斑部退化。

視力受到影響的情況下，為了增加身體穩定性，常呈現彎腰前傾姿態，進而影響脊椎健康。

此外，在眼球周圍會發生脂肪減少、組織彈性下降和萎縮，因而讓眼瞼容易鬆弛而阻擋視線或睫毛倒插，淚腺製造淚液功能減退而使得眼睛容易乾澀。

(2) 聽覺系統

聽力減退因素包括有：因耳垢變乾且黏稠度增加阻塞耳道、聽

小骨關節鈣化，以及聽毛細胞和聽神經元數目減少等，因此銀髮族會出現聽不到別人在背後叫喚、聽錯別人話語而誤解、說話或看電視音量變大等。

(3) **嗅覺系統**

嗅覺細胞的減少使嗅覺退化，會影響對食物風味的感受和環境氣味的感知，如較無法透過食物氣味誘發食慾，或是困難察覺自身失禁異味等。

(4) **味覺系統**

味蕾的退化會影響食物品嚐的味道，特別是鹹味的感知。因此高齡者會偏愛重口味的食物；正常調味的餐點食而無味，甚者會影響食慾。然而，要加重調味滿足味蕾刺激，抑或是要清淡飲食維護健康管理，並沒有標準答案，請與心智障礙者長者共同討論，尊重其喜好。

3. 循環、造血與呼吸系統構造及其功能

(1) 肺功能自 30 歲開始退化，60 歲後加速退化，肺泡總表面積每年約減少 4%，微血管數目減少，45 歲時肺活量下降至 94%，65 歲降至 87%，80 歲至 90 歲約降為一半。呼吸機能會隨著年齡增長而退化，例如：爬樓梯時開始感覺呼吸困難、喘不過氣，就可能是肺機能衰退的徵兆。

(2) 氣管黏膜清除異物效益和對抗病毒能力降低，加上吞嚥時會厭軟骨的作動時間較慢和不完全，讓食物不慎進入氣管，均使得肺部容易感染。

(3) 肋骨鈣化和肋間肌強度減退，胸廓彈性和吐氣時肺臟回彈能力變差，因此較難耐受激烈活動。

(4) 循環系統：血管組織的硬化和彈性降低，會讓日常血壓升高，提高中風機率。心肌細胞數量則從 20～30 歲起每十年減少約 3～5%，因此較難以耐受激烈活動，運動後休息時間亦會較長。

4. 消化、新陳代謝與內分泌系統相關構造及其功能

(1) 消化系統

口腔黏膜萎縮和唾腺分泌唾液量減少，會使得口腔易乾燥和對損傷保護力減退，胃壁組織間白血球數減少、胃壁前列腺合成減少、胃泌素分泌增加等，則會使得胃壁保護機制降低而容易罹患消化性潰瘍。而腸肌層神經元數目和小腸維生素 D 受器減少，以及大腸收縮協調性變差和類鴉片受器數目增加，會造成維生素 D 和鈣質吸收下降，加上腸道蠕動變慢而容易產生便祕。此外，牙齒的象牙質磨損和再生力減退，伴隨牙髓萎縮與纖維化，會造成牙根細小和脆弱，容易發生牙周發炎、蛀牙和掉牙等情形，亦會影響消化功能。

(2) 內分泌系統

荷爾蒙在人體內每十年會遞減約 15%，主要由腦下垂體分泌的生長激素、促濾泡成熟激素、黃體生成激素、促腎上腺皮質激素等分泌下降，均會使得更年期後，出現肌肉量和力量減低、骨質流失和體脂肪量增加等現象。

5. 泌尿與生殖系統相關構造及其功能

(1) 腎臟質量從 30 歲至 80 歲會減少 25～30%，腎元數量則減少
30～40%，輸入小動脈變螺旋狀而輸出小動脈與弓狀動脈變
細，影響血流量下降，雖基礎狀態時水分或電解質代謝不易發
生問題，但遇壓力時則因腎臟預留量不足而易生急性腎衰竭，
水分、電解質或酸鹼不平衡。

(2) 膀胱的彈性和容量下降，以及相關肌肉力量減弱，內部的自主
神經受器密度則會增加，影響如廁時會有排尿頻繁、尿量下降
或尿速減弱等現象，日常則可能會有遺尿、漏尿，或甚至尿失
禁等情形。

6. 神經、肌肉、骨骼之移動相關構造及其功能

(1) 肌肉量自 30 歲至 80 歲會減少 30～40%，特別是下肢部分，藉
由肌力訓練可避免因不活動而力量減弱。

(2) 成年人自 35 歲後骨質開始流失，每年流失約 0.5～1%，50 歲
起流失更快，每年流失約 1～3%，因此老化後容易骨質疏鬆，
增加骨折風險。其中，50 歲以上停經女性因雌激素急遽減少，
骨鬆盛行率為 38.3%；50 歲以上中老年人骨鬆盛行率亦有 31%
（洪立維，2017）。

7. 皮膚與相關構造及其功能

(1) 皮膚的含水量和含脂量減少，相較年輕時，表皮細胞會減少

40%，真皮厚度可減少 20%，造成皮膚乾燥、粗糙和脆弱，容易發癢及防衛能力下降。

(2) 皮膚附屬變化包含汗腺萎縮、毛髮失去色素與變少，以及感覺受器數目下降等，影響皮膚感覺下降而延遲預警與自我保護反應，因此，對於汗腺萎縮者不易透過排汗來調解體溫而容易中暑或體溫過高。

（二）心理老化

心理老化方面，與個體的生理活力、認知神經活力（情感、自我概念、性格等）、社會經驗、生理—心理—社會互動等有關，會有不同的自然老化／優化／維持、風險（疾病、意外損害）的變化，包括記憶力、反應時間、監控／執行、情緒等方面。

一般人的認知能力在中年過後仍保持水準，60 歲過後開始走下坡，80 歲左右才在某個向度的認知能力呈現衰頹現象，包括反應速度下降、記憶力逐漸下降，甚或出現譫妄、憂鬱症及廣泛性焦慮疾患、失智症等。

二、心智障礙者的老化有什麼不同

老化的進程中，人的心理準備常常跟不上老化的事實，因此常出現各種心理不適，進而影響到生活，嚴重者甚至衍生心理疾病。

心智障礙者也與常人一般，隨著年齡的增加，會面臨各項生理功能的退化。然而心智障礙者受先天因素影響易併發疾病而退化較快，在缺

乏老化概念和口語表達能力不足的情況下，因疾病不舒服的症狀難以被發現，需要專業人員了解其平時生活習慣，並細心地觀察，保持敏銳度。根據研究指出，心智障礙者老化進程中面臨比常人更高的風險：

1. 與 55 歲以上的同齡者相比，心智障礙者罹患憂鬱症的比率顯著更高，其中唐氏症者憂鬱症的比率是非唐氏症心智障礙者的三倍。而在機構中，心智障礙年長者的焦慮與憂鬱，與其活動和休閒的減少或喪失、身體疾病或受傷，以及同住居民的問題有關（Sinai, Bohnen, & Strydom, 2012）。

2. 心智障礙長者罹患失智症的機率是一般年長者的四倍（Sinai et al., 2012），且在 64 歲以後就明顯增加，64 歲前為 2.7%，64 歲後為 21.6%（Torr & Davis, 2007）。對於有失智症的心智障礙長者，特別需要注意合併症的照顧，尤其是肺部疾病、癲癇、尿失禁、進食和動作協調等問題（Torr & Davis, 2007）。

心智障礙者的老化，除了比常人面臨較高的憂鬱症、失智症和精神疾病的致病風險，還因認知能力、表現力和環境適應能力的降低，以及社會支持的降低，在面臨喪親之痛、轉換照顧者或改變住宅狀況時，得承受比常人更高的心理負擔（Sinai et al., 2012）。

因此，心智障礙者老化議題與一般銀髮族的老化議題不盡相同，包括：心智障礙長者對自身老化造成的影響之認知與接受度、家人對於心智障礙長者老化的心理準備、家人的老化與照顧角色的變遷，甚至面臨死亡與親友凋零等。

機構工作人員必須及早觀察、反應現實、與家屬相互搭配，以協助

心智障礙長者順利適應。雖然教保員不見得具有足夠的醫學專業來精準判斷各種生理病因，但透過觀察老化可能的基本樣態，在服務過程中保持敏感度，就有機會提前察覺心智障礙長者的老化徵兆，並調整服務設計、提供適當的策略。

三、心智障礙者的老化評估方式

基於心智障礙者面對老化的特殊性，包括口語表達能力、自我認知和調適的能力，需要及早關注和支持，機構服務為心智障礙者的老化預先做準備已經是專業服務中重要的一環。除卻特殊情境下造成的急速老化，一般來說老化是一個漸進的過程，機構服務的教保員和接受服務的心智障礙者長期相處，可能會忽略了一些老化徵狀，因此規劃性的評估和記錄就是掌握心智障礙者老化的重要方法。

專業工作人員對心智障礙長者的日常生活，應有更敏銳的觀察力，並能了解行為產生背後可能的因素，例如於機構中行走經常碰撞到家具設備、進食時無法正確夾到或撈起食物、下階梯時會突然退卻、外出社區參與時遇有路面高低差會停滯不前，諸如這些情況已影響其生活，心智障礙長者可能會因而情緒較為躁動或是異常低落。若發生以上這些現象，都要特別注意心智障礙長者的視力是否產生變化或老化的情形，應及早啟動老化評估。

以心智障礙長者的健康體適能為例，身體組成、心肺耐力、肌力／肌耐力、柔軟度的評估和訓練方式需考量個別心智障礙長者的障礙特性、健康狀況和能力優劣勢等因素，以利評估後擬定訓練計畫。介入過

程除盡可能了解心智障礙長者於群體常模中的表現外，更應著重其體適能表現的自我比較，介入方式則可利用團體活動搭配自我加強活動，來滿足個別化需求。

1. **身體組成**：指的是身體中各組成成分所占的百分比，肥胖是威脅健康的高危險因子，因此著重體脂肪百分比，適用心智障礙長者的現場評估方式包含體重、身體質量指數和腰圍等。介入活動可朝維持每日 30～60 分鐘中強度運動習慣、提升日常活動量、累積活動時間和減少不活動時間等基本準則，設計進行全身性、大肌肉群的有氧活動。

2. **心肺耐力**：指的是人從空氣中吸取氧氣，經心臟、血循環和呼吸系統供給氧氣和必要養分到人體各組織的能力，適用心智障礙長者的現場評估方式包含原地踏步（圖 1-1）和耐力行走。介入活動可朝每次 20～30 分鐘中強度運動的基本準則，設計每週可進行三天至五天的全身性大肌肉群有氧活動。

3. **肌力／肌耐力**：肌力指的是肌肉一次收縮所產生的最大力

 1-1　大肌肉群動作的原地踏步，可作為評估心智障礙長者之心肺耐力的方法。

量，肌耐力指的是肌肉在某種失利程度時，所能重複收縮的次數或持續用力的最長時間，適用心智障礙長者的現場評估方式包含坐下再站起（圖1-2）、手握力和手臂彎舉等。肌力介入活動準則為高負荷而低重複次數，肌耐力介入活動準則為低負荷而高重複次數，設計每週可進行兩天至三天的負重性活動。

4. **柔軟度**：指的是人體的關節可以活動的最大範圍，適用心智障礙長者的現場評估方式包含坐姿體前彎（圖1-3）和後背拉手。介入活動可朝單一關節大範圍暖身和多關節伸展的基本準則，設計進行靜態伸展活動。

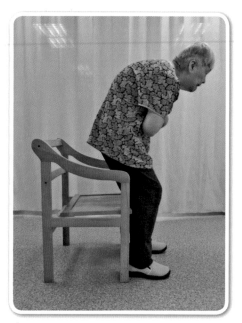

圖1-2　具生活功能的坐下再站起動作，可用來評估心智障礙長者的下肢力量。

圖1-3　日常功能性坐椅前彎動作，可作為評估心智障礙長者之柔軟度的方法。

因應心智障礙者的生理和特殊需求，老化評估方法與一般銀髮族有些差異，在生理功能、情緒行為都有必須特別留意的地方。爰此，育成社會福利基金會編製有《心智功能障礙者老化評估使用手冊暨紀錄表》（馬海霞等，2012）（圖1-4），係基於提升照顧品質的理念，從機構實際照護經驗的角度出發，並參考邱亨嘉教授於國家衛生研究院論壇2002年12月出版之《台灣版MDS 2.1機構照護評估工具使用手冊》（邱亨嘉總校閱，

圖 1-4 心智功能障礙者老化評估使用手冊暨紀錄表

2002），針對「在機構接受服務的心智功能障礙者」發展出一套老化評估工具，並編製成使用手冊和紀錄表單。

依循這套工具所設計的評估事項（日常生活活動；身體功能活動狀況；疾病與用藥；營養及排泄狀況；口腔狀況；認知及知覺狀況；情緒、行為與娛樂活動狀況），可以記錄心智障礙者的老化情形，做出結果摘要和分析表。一方面能了解被照顧者的需求，而後再依照個別現況設定照顧計畫目標，最後再整合現有的資源提供個別化照顧服務計畫；另一方面，使工作人員在實行照顧服務面上更加徹底、更加有效率。

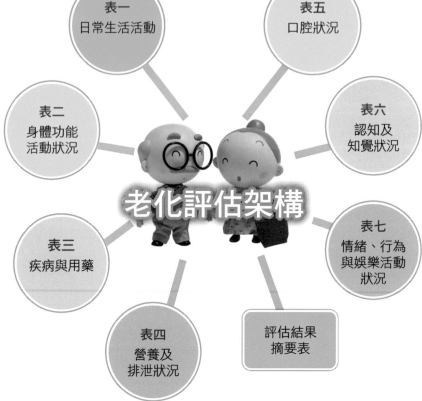

1. 評估時機（視需求）

　(1) 心智障礙長者新進入機構時。

　(2) 心智障礙長者健康狀況明顯改變時（例如：重大疾病、跌倒等因素）。

　(3) 定期評估：35 歲以上心智障礙長者每半年定期評估一次，35 歲以下依據個別情形由各單位訂定評估計畫，或每年定期評估一次。（相關文獻有以 40 歲或高於 40 歲作為心智功能障礙者

老化年齡的切點，此紀錄表下降至 35 歲，以利預先觀察和記錄心智功能障礙者老化前各項健康狀況之變化。）

2. 使用此手冊應掌握以下重點：

(1) 係根據心智障礙長者實際表現為基礎，不論其是否有能力做。

(2) 實際表現並非與他人做比較，而是與心智障礙長者自己的過去做比較，藉以了解其老化的過程。

(3) 此手冊應由專業團隊共同協調評估所有的專業向度。

(4) 此手冊評估項目若不符合心智障礙長者狀況（如：腦性麻痺者在表二「身體功能活動狀況」之平衡感測試項目中無適合選項），則應在評估紀錄表中的補充說明欄中敘明。

掌握心智障礙長者的照顧要訣

「工作人員幫我準備了一條寬鬆的黃色碎花褲裙，
走路很順又好看，我很喜歡。」
「前陣子天氣濕熱皮膚好癢，好在護理姊姊幫我擦完藥有好一點。」
「中午吃了好吃的雞肉，因為牙口不好，
工作人員有幫我剪得碎碎的。」
「我很喜歡喝柳丁汁，酸酸甜甜稠稠的很好喝。」

因應心智障礙者老化的需求，機構相關服務人員之老化照顧服務類別及需求亦隨之轉變。例如全日型住宿機構，除了白天針對心智障礙長者身體機能改變而調整的日常生活照顧方式之外，夜間也有提供對應的照護服務。

一、生活起居

（一）定期測量生理數值並觀察健康情形

對心智障礙長者進行生理狀況的監控，包含體溫、脈搏、呼吸、血壓、皮膚狀況、體重（圖 2-1）、大小便、健檢後的追蹤管理等，具體工作包括：

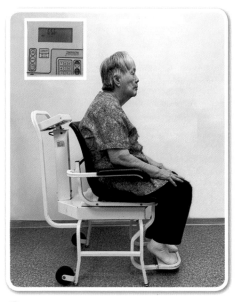

1. 早上起床要去量尿量（第一次基準點），早上尿量若超過1000 c.c. 以上，那是危險的，嚴重會休克，所以晚上叫心智障礙長者起床解尿，必要時在床邊使用便盆椅。
2. 心智障礙長者年紀大了常常會有頻尿、裡急後重、腎臟不舒服、尿道炎、膀胱炎等狀況，必要時要就醫檢查膀胱的餘

圖 2-1　坐式體重器

尿、一般尿液檢查或前列腺超音波等。

3. 心智障礙長者普遍有視力退化問題，輕者老花眼現象，透過配戴老花眼鏡即可解決；重者白內障混濁，須透過開刀治療。

4. 步入高齡以後，如果聽力功能變差，對周遭情況的掌握困難，容易產生不安、不信任、緊張的狀態，因此理解心智障礙長者聽力機能，並預防對環境適應困難的情況發生，了解其健康情形並確保資訊是很重要的。

5. 隨時檢查皮膚完整性，注意是否受傷或有壓傷。

（二）肌肉按摩與行動不便者的照護

1. 針對年輕時喜歡活動的心智障礙長者，因為年紀漸長可能走不動了，機構會提供適當的舒壓按摩，增加長者活動的感覺，一方面滿足本體覺的需求，一方面穩定情緒。

本體覺小知識

- 本體覺刺激釋放血清素——降低壓力。
- 深觸壓覺刺激釋放多巴胺——愉悅感、動機增強。
- 活化副交感神經——降低壓力，增加行為的彈性，增加適應性行為。

2. 心智障礙長者因久坐、久臥導致腰痠背痛、膝蓋痛等，但因為口語表達不佳，無法明確反映自己的不舒服，進而導致情緒變壞。因此，平時機構可提供一些不需要醫囑就能幫助舒緩的措施，例如：使用氣血循環機（圖 2-2）、振動機（圖 2-3）、搖擺機（圖 2-4），幫助長者們舒緩止痛。雖然只是治標，但讓他們感覺得到被關心，情緒相對也會比較穩定。

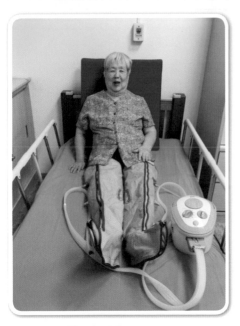

圖 2-2　氣血循環機

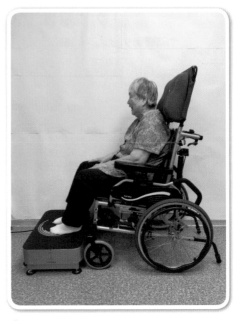

圖 2-3　振動機

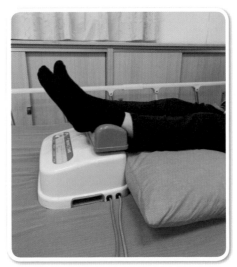

圖 2-4　搖擺機

3. 越是不動、不走的人越容易發生骨質疏鬆的情形，骨質疏鬆的心智障礙長者照顧起來特別辛苦，可能一個翻身或是被搬動就導致骨頭斷裂。停經後的女性特別容易出現骨質疏鬆的情形，要安排每天上午 10 點前或下午 3 點後曬太陽，一次約 10〜15 分鐘，有利於骨質合成。

4. 原可行走者因為生理退化無法行走，協助學習使用助行器（圖 2-5、圖 2-6）和輪椅等移行輔具，維持獨立移位的能力。即便是必須乘坐輪椅者，如果還能夠站立，應準備固定型助行器，協助他們站立，減緩骨質流失。

5. 心智障礙長者因骨質疏鬆，不慎跌倒碰撞就容易骨折，骨折的人不是不能走路，而是必須先透過專業評估並經由教導的方式走路，骨

 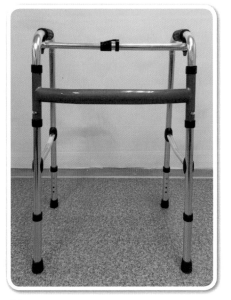

圖 2-5　固定型助行器　　　　圖 2-6　固定型助行器

頭才會癒合得快。

6. 長期坐輪椅、臥床的心智障礙長者要使用傾斜床（圖2-7），利用傾斜床的傾斜角度或擺位而達到輔助站立的訓練，並訓練心智障礙長者抬臀（Bridge），再教導或以多樣支持方式協助其翻身。

抬臀運動（Bridge Exercise）

雖然只是屁股抬一下，因需要全身用力，對於心肺能力、肌耐力、骨質疏鬆等也是很有幫助。被照顧者學會抬臀，照顧者換尿布也會輕省許多力氣。

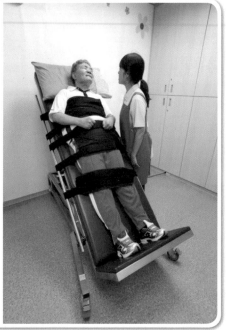

圖 2-7　傾斜床

7. 腦性麻痺的心智障礙長者，在攣縮
的狀況下可以使用傾斜床或梯牆
（圖 2-8）來提供其站立機會與增
加下肢承重肌耐力，目的在於伸直
肌群，以維持肌肉伸展度與關節活
動度。

圖 2-8　梯牆可協助攣縮者站立

（三）衣物穿著

　　服務者為維護照顧活動的安全，自
身服裝應避免如耳環、絲巾或項鍊等易
不慎勾扯之配件。心智障礙長者穿著的衣物除了調節溫度作用之外，還
需要兼顧活動安全、特殊需求和照顧便利等需求，更希望讓穿著者達到
身體和感受上的舒適感，包含顧及個人隱私，以及形塑和展現其自我形
象。穿著來自於心智障礙長者的選擇和決定時，更可增添打扮的樂趣。

1. **活動安全考量**：為預防不慎勾扯所造成的安全疑慮，要避免拉繩、
細小配件、袖子或褲管過長、垂吊裝飾等設計。而穿著顏色明顯或
具有反光設計的衣服，在團體生活或開闊環境中可讓心智障礙長者
易於被發現。

2. **特殊需求考量**：心智障礙長者可能有觸覺敏感、皮膚過敏或易受
傷，以及呼吸或循環功能不佳等情況，會影響衣著的選擇。日常可
朝尺寸稍寬鬆、觸感柔軟、材質吸濕透氣、避免束口或輕量化等設
計之衣物，作為挑選方向思考。當心智障礙長者有皮膚感覺遲鈍情

形時，則可選擇尺寸合宜身形、剪裁貼身包覆和材質吸濕透氣之衣著。

3. 照顧便利考量：老化心智障礙者的自我穿脫衣物和肢體動作能力逐漸減退，為了便利其自行進行生活自理活動，可挑選領口、袖子或褲管等較為寬鬆的款式，易於拉撐的彈性材質，抑或附有魔鬼氈、拉鍊或鬆緊帶等便於穿脫的設計。

（四）預防跌倒

跌倒是年長者常發生的意外，可能會造成疼痛、外傷、關節脫臼、骨折、頭部外傷或腦出血等傷害，甚至導致生活品質降低、臥床或死亡等情況發生。即便跌倒時未致傷或傷害與功能大致可恢復，年長者也容易擔憂再次跌倒，所以對他人產生更多的依賴，進而增加照顧者的負荷與困難，因此預防跌倒為照顧工作的重點之一，詳見「防跌小提醒」（圖 2-9～2-17）。

1. 發生原因

跌倒發生原因可分為環境和個人因素。

(1) 環境因素：包括戶外以及室內，常發生跌倒的戶外地點為人行街道、公園或運動場所，及地板易濕滑場所等；住宅內則為客廳、臥室和浴廁等位置。居住空間的安全環境布置詳見本書第四章。

(2) 個人因素：在個人因素部分，除會因視力、聽力、平衡感和膝關節退化等老化現象造成跌倒外，肌少症也是可能的跌倒原因，另外還需特別注意癲癇發作可能造成的跌倒。

防 跌 小 提 醒

圖 2-9　平時須穿合身衣物，避免寬大或褲管過長造成絆倒。

圖 2-10　床欄拉起時，心智障礙長者下床前請先將床欄放下，切勿翻越。

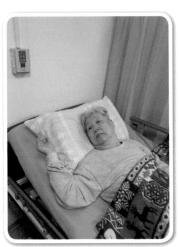

圖 2-11　心智障礙長者有事需協助時，請按呼叫鈴通知服務人員。

圖 2-12　心智障礙長者平時使用適宜身形與障礙特性的床鋪，要下床時，應引導慢慢起身，並坐在床緣稍事休息，再下床。

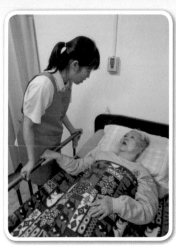

圖 2-13　心智障礙長者躁動、不安、意識不清時，請隨時將床欄拉起，必要時約束保護。

圖 2-14　物品請盡量收於櫃內，保持通道寬敞，以及燈光明亮。

圖 2-15　地面若不慎弄濕，請立即處理，保持地面乾燥。

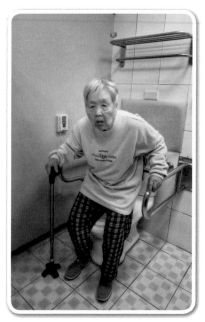

圖 2-16　睡前請先如廁。

圖 2-17　要穿防滑鞋。

2. 照護重點

(1) 為避免肌少症，提升長者的肌力和肌肉量，應增加活動量及蛋白質攝取，蛋白質的攝取量需維持每公斤體重每天 1.2～1.5 公克，食物來源包含肉類、乳類、乳製品、豆類和豆製品等，實際攝取量的計算，應以扣除脂肪和水分後為準，且應分次攝取。

> **每日蛋白質攝取量計算方式**
>
> 若以體重 60 公斤的心智障礙長者為例，每日攝取量計算方式：
> 1.2～1.5 公克 ×60＝72～90 公克

(2) 穿著合宜長度的褲裙，和具備防滑功能且尺寸適宜的鞋子。

(3) 隨時提醒及培養漸進轉換姿勢的活動習慣。

(4) 如有服用鎮靜安眠劑、肌肉鬆弛劑、抗癲癇、抗組織胺、抗高血壓或利尿劑等藥物，可能會引發步態不穩或暈眩，應留意避免跌倒（圖 2-18）。

圖 2-18 「防跌藥注意」文宣

（資料來源：財團法人醫院評鑑暨醫療品質策進會）

（五）夜間照護

全日型住宿式機構提供全天的服務，日間與夜間照顧服務模式的差別不只是工作時間的不同，也有服務內容的實質差異。夜間照護原則如下：

1. 休閒娛樂活動須尊重長者的選擇並依心智障礙長者關心或感興趣的事物規劃，包含動態與靜態的各項活動，如唱卡拉 OK、看電視、散步，以及繪畫、拼圖、象棋、跳棋，或閱讀書報與聽音樂等。

2. 夜間時段亦需注意長者的水分補充，不可因擔心夜間如廁而限制正常飲水。

3. 睡前兩小時依需求給予夜間點心，用完點心後一定要刷牙漱口，避免口內有殘渣造成異物梗塞，引發窒息或吸入性肺炎。

4. 就寢前應協助取下活動假牙、助聽器、眼鏡等。

5. 營造睡前的休息情境，放低音量、配合調整光線。

6. 為了定時巡房時觀察長者的睡眠狀況與臉色變化，例如臉色是否紅潤、呼吸是否順暢，可於寢室設置白光小夜燈。

7. 建議於夜間 10 點及凌晨 2 點量測體溫，若有異常須及時送醫，並通知家屬。

8. 預防夜間起身跌倒，可於長者床旁設置離床感應器或可發出聲響的感應器，提升照顧者的警覺性；並於床旁擺設足以支撐長者起身移位的扶手或重心穩固的椅子等。

9. 長者夜間容易發生尿失禁情況，可能的原因包括熟睡而未能如廁、來不及如廁、泌尿道感染、睡前進食與喝水量較多等。應加強夜間探視頻率，協助夜間如廁，如擔心來不及如廁尿濕床單，可於床上加鋪保潔墊。若失禁情況頻繁，可記錄夜間如廁情形，作為就醫時參考。

10. 夜間起身需注意身體保暖，避免因起床如廁之溫差，引起長者不適。

二、飲食與腸胃道疾病

（一）暢通呼吸道

1.提高免疫力，保健呼吸道功能

呼吸道感染是導致年長者死亡的常見原因之一。隨著生理的老化，氣管和支氣管的纖毛數量減少，導致纖毛活動的有效性降低，進而影響分泌物清除功能，使呼吸道感染的危險性增加。呼吸功能的老化和免疫系統變化的雙重作用，將增加老年期罹患肺炎與流行性感冒的危險性，常見的相關疾病有上呼吸道感染、肺炎、氣喘、慢性阻塞型肺病等。

心智障礙長者受限口語和表達能力，有時候無法清楚表達不舒服的位置，因此需要定期留意呼吸道徵狀。平時須加強呼吸道的保健工作，具體措施有：

(1) 肺炎與流行性感冒疫苗的預防接種。

(2) 加強膳食營養，例如：奶類（鈣）、魚類（Omega-3 脂肪酸）、瘦肉、雞蛋、全穀類（維生素 B）、糙米（礦物質硒和維生素 E）、玉米（玉米黃質）、南瓜、木瓜、花椰菜、十字花科蔬菜、胡蘿蔔（β 胡蘿蔔素）、茄子、蘋果、橘子（維生素 C 和鉀）、水、綠茶等。

(3) 運用腹式呼吸法或做擴胸等胸腔保健運動，提高心肺功能。

(4) 從事戶外活動，例如：步行、遠足、行山、慢跑、游泳、健康舞等；或使用機械設備，例如：樓梯機、划艇機等提高體能。

(5) 對於長期臥床者，在安全評估下鼓勵與協助可移動的心智障礙長者，每天至少下床兩次；針對意識不清或昏迷的心智障礙長者每天至少下床一次。

2. 防止嗆咳發生，進食用藥要留意

心智障礙者有時候會有吞藥困難，或者不願意服藥的情形，因此協助用藥上需要特別小心，避免使用吸入性藥物、粉末時造成嗆咳，或者使用顆粒或膠囊造成異物梗塞。

吞嚥困難造成嗆咳，可能進一步提高吸入性肺炎的風險，所以應注意下列預防措施：

(1) 培養心智障礙長者進食不語的習慣，以防止嗆咳。

(2) 三餐潔牙漱口，以預防口腔內細菌滋生，可降低嗆咳時吸入過多細菌；同時於漱口後確認無食物殘留於口腔中，亦可避免躺臥或睡眠時引發吸入性肺炎。

深呼吸及有效咳嗽照護指導

- 採坐姿時身體彎曲稍向前傾或採平躺雙膝彎曲。
- 然後鼻子慢慢吸氣，吸氣至最大量。
- 噘起嘴巴成吹口哨狀，慢慢地吐氣，至吐完為止。
- 再一次慢而深的吸氣，暫時憋氣約 1 秒。
- 用衛生紙掩口，呼氣時以腹部的力量，用力將痰咳出。
- 連續咳嗽兩次，第一次有助於黏液鬆動，第二次使痰易咳出。

3.為特殊需求者提供特別照顧

針對呼吸道分泌物較多、長期臥床的特殊需求者，可評估機構的能力協助排痰或提供醫療資訊，以維持呼吸道通暢，降低呼吸道合併症的發生。

(1) 鼓勵心智障礙長者多喝溫熱開水（攝氏 41～43°C），有助軟化痰液。

(2) 蒸氣吸入：使呼吸道的分泌物稀薄化，協助痰液清除以預防肺炎發生。使用超音波噴霧加高張鹽水的使用，改善呼吸道黏液的性質較使用一般蒸氣吸入生理食鹽水有效，但不建議使用超過三個月。

(3) 針對感冒的心智障礙長者，除了蒸氣吸入機（圖 2-19）的使用，若無力咳嗽且分泌物多，可以優先給予每天四次的 7% NaCl 噴霧治療，能改善呼吸道黏液的性質、刺激咳嗽、提高黏膜纖毛的清除功能，加速黏液的清除。

(4) 注意洗澡排序，因為水蒸氣對於心肺功能較弱的心智障礙長者容易發生呼吸窘迫現象，故要在浴室尚未充滿過多水蒸氣時先行洗澡。

圖 2-19　使用蒸氣吸入機

(5) 長期臥床的障礙者宜至少每兩小時翻身、拍背、姿位引流（適當的擺位）以及手助式咳嗽（利用雙手擠壓腹部以增加咳嗽力量）。

(6) 呼吸道有痰卡住時，運用背部拍痰（圖2-20～圖2-25）以促進咳嗽，讓痰液排出；若無法自行咳出者，請護理師或通過「口腔內（懸壅垂之前）及人工氣道管內分泌物之清潔、抽吸與移除」結業核可的照顧服務員執行抽痰。

姿位引流的方法

利用枕頭或毛巾來支撐關節，將長者以正確姿勢擺位。並鼓勵長者在過程中，採適當的深呼吸及有效地咳嗽，以利分泌物排出。

注意事項：

- 執行姿位引流過程中，若長者主訴無法忍受或出現發酣、呼吸困難、精疲力竭情形加劇時，應立即停止。
- 心臟病患者、肺膿瘍、顱內壓升高者不宜做姿位引流。
- 當有咳血情況時，可執行姿位引流，但是不能執行胸腔扣擊法（拍痰法）。

（資料來源：衛生福利部屏東醫院，2011）

拍痰的方法

- 以左或右側躺姿勢將手掌彎曲成杯狀，雙手以輕鬆且規律地交替拍打或單手執行背部叩擊。不要拍打心臟、肩胛骨、鎖骨、胸骨、脊椎、胰臟或腎臟等部位。
- 拍擊頻率每分鐘100下以上，應觀察痰液是否有變多或變黃情形。
- 依長者的痰液多的部位，每天做1～4次。
- 配合姿位引流，在飯前或飯後間隔1小時以上執行。
- 如有吸劑則在吸藥後再給予拍背。

圖 2-20　使用拍痰器

圖 2-21　使用電動拍痰器

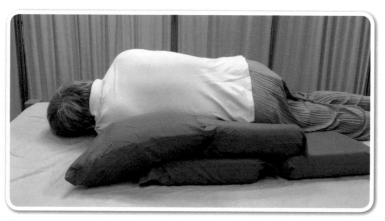

圖 2-22　標準下肺葉姿位引流

圖 2-23　改良式下肺葉姿位引流

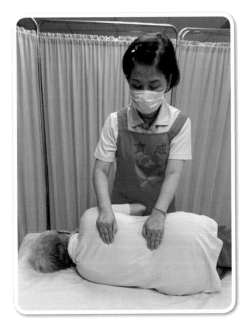

圖 2-24 扣擊

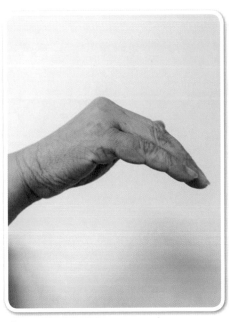

圖 2-25　扣擊杯狀手勢

（二）特殊化飲食

因早期口腔健康的觀念和資源不足，心智障礙者經常沒有每日清潔牙齒，導致齲齒和缺牙，加上心智障礙長者的吞嚥功能退化，飲食型態選擇上除了一般飲食型式，可依照個別需求提供粗剪、細碎剪或糜食等型態，食材選取上也要避免粉末狀、過乾，以及易結球的食品。針對吞嚥困難的原因調整食物的性狀、濃稠度、軟硬度、大小。但在做這些改變的同時也要盡量保持食物原有的形狀、顏色、味道，以免影響食慾。

1. 使用增稠劑調整流質和飲料的濃稠度

(1) 飲水、湯品中可加入增稠劑避免快速流入喉嚨的液體從食道岔入呼吸道，引發嗆咳。對於會嗆到的人，用增稠劑改變水的濃稠度，減緩液體通過口腔或食道的速度，使吞嚥較容易控制。

(2) 使用方法可參考下表（以配方易凝素建議表為例）。

稠度 每 100ml 食物	花蜜狀 （漿狀） 如同濃湯稠度	蜂蜜狀 （膏狀） 如同醬油膏稠度	布丁狀 如同優格或 慕斯的稠度
開水、菜湯、清肉湯	1 匙	1 又 1/2 匙	2 匙
柳丁汁、葡萄汁、果菜汁			
養樂多			
牛奶、營養品、豆漿	1 匙	2 匙	2 又 1/3 匙
優酪乳、糙米漿、紅豆湯、 綠豆湯		2/3 湯匙	1 匙

2. 咀嚼吞嚥障礙者不宜的食物

(1) 易嗆到的小圓形食物：例如鵪鶉蛋、小丸子、小洋菇、湯圓、通心麵、豌豆仁、毛豆仁、玉米粒（圖 2-26）、堅果、果凍（圖 2-27）。

圖 2-26　玉米粒　　　　　　　圖 2-27　果凍

(2) 黏度太高的食物：例如年糕、米糕、麻糬等糯米製品（圖 2-28）、花生醬三明治、QQ 軟糖、鳳梨酥內餡。

圖 2-28　湯圓

(3) 乾燥的食物：例如麵包、饅頭、餅乾、洋芋片、綠豆糕等（麵包、饅頭撕小塊泡過即可）。

(4) 若提供的水果屬於利尿的，如廁的時間就要提早。

3. 糜食者的特殊照顧（少量多餐、質重於量）

(1) 安排使用筷子及湯匙的活動，維持夾筷子及使用湯匙能力（圖 2-29）。

(2) 糜食的製作方式是食物加水打製，多了糜食而來的水量，在飲用給水上就要減少，避免稀釋體內鈉離子，造成身體危害。

圖 2-29　維持夾筷能力

(3) 糜食因含水量多，容易產生飽足感但可能吃不到原定的食物量，導致熱量攝取不足，因此需定期量測體重和觀測記錄大小便，若體重減輕時，要與營養師討論熱量的攝取是否足夠。

(4) 糜食容易吸收，糖尿病患者容易血糖飆高。

(5) 對於吃糜食的心智障礙長者，用餐前應先介紹餐點內容，讓他們先看到食物的原型（圖 2-30、圖 2-31），知道自己吃進了什麼食物。糜食製作時應個別攪打（圖 2-32、圖 2-33），以保留食物原味，避免心智障礙長者對食物反感而拒食。

(6) 每天供應餐次可增加為六餐，甚至給予更多次。

圖 2-30 四菜一湯一水果的
餐點內容

圖 2-31 多樣化的食物型態
——細碎剪

圖 2-32 多樣化的食物型態
——糜食

圖 2-33 多樣化的食物型態
——糜食塑型

為什麼用餐前要介紹餐點？

　　心智障礙長者可能無法連結食物處理前後的樣態。曾經有位心智障礙長者因為吞嚥退化，所有的餐點都經過事先處理，尤其是肉，都要剪得細細碎碎的。工作人員問他近況時，他反映什麼都好，就是好久沒有吃雞腿，但其實機構每週都會提供肉品。因此，供餐前明確的介紹餐點內容，是讓心智障礙長者滿足生理營養需求之外，也能達到心理的滿足喔！

4. 進食的輔具

(1) 湯匙：使用時順著手柄的弧度握
　　著，即使手指無力也可協助自然
　　使用（圖 2-34）。

圖 2-34　進食輔具——湯匙

(2) 切口杯／斜口杯：足夠水分的攝
　　取是吞嚥困難者重要的課題，因
　　為喝水會嗆到，不但會使人視喝
　　水為畏途，也易造成吸入性肺炎。杯緣切口設計，讓長者喝
　　水時不用抬頭也能輕鬆喝到杯底的水，降低嗆傷的機會（圖
　　2-35）。

(3) 防漏防滑吸盤碗：邊緣防漏設計避免食物溢出，底部吸盤設計
　　則避免讓碗滑動打翻（圖 2-36）。

圖 2-35　進食輔具
　　　　——斜口杯

圖 2-36　進食輔具
　　　　——防漏防滑吸盤碗

吞嚥衰退的徵兆

1. 喉嚨經常積痰：明明沒有感冒，喉嚨裡卻感覺有痰，呼吸時喉嚨有咕嚕咕嚕的聲音，喉嚨裡積的不是痰而是唾液（口水）。

2. 吞嚥反射變差：當吞嚥反射變差時，唾液就會變得難以吞嚥，唾液會積在喉嚨或嘴巴裡，開口時口水就流出來。

3. 吃飯時或飯後會嗆到：若吞嚥的時間點延誤，或是吞嚥動作不順暢，吃飯時食物就容易跑進氣管，導致嗆咳；老化後食道蠕動減少，吃飯時或飯後姿勢不良，就會造成食道逆流，導致嗆咳。

4. 睡覺時會咳嗽：睡覺期間會反射性地吞下流進喉嚨的唾液。但當吞嚥力衰退到某種程度時，睡覺時唾液就會流進氣管，所以會引發咳嗽以排出流進氣管的唾液。

5. 吞嚥時有卡卡的感覺：當吞嚥力衰退時，就無法順利吞嚥，於是吞嚥時就會有一種怪怪的、卡卡的感覺。

6. 覺得喉嚨卡卡的：我們總是不斷地在吞嚥，當吞嚥力良好時，不會有任何特別的症狀；但當吞嚥力衰退時，無法自然吞嚥，喉嚨就會有異物感。

7. 覺得液體比固體還難吞嚥：當因老化導致吞嚥力衰退時，液體就會變得難以下嚥。這是因為液體會比固體更快流進喉嚨，不容易抓到吞嚥的時機。尤其，水是無味無臭的液體，喉嚨不容易感覺到它的存在，也就更不容易吞嚥。

8. 食物或飲料會跑到鼻子裡：進食時，軟顎會蓋上以防食物跑進鼻子。但當吞嚥力衰退時，軟顎會錯過蓋上的時機，導致食物一不小心就跑進鼻子裡。

（資料來源：引自陳光棻譯，浦長瀨昌宏著，2018）

（三）補充營養品

合法立案的身心障礙照顧機構，每日提供的伙食必須經過營養師評估，營養素均衡，菜色也要保有十五天不重複的變化。惟須留意的是供餐方式，考量心智障礙長者的食道和吞嚥功能退化，可以採取少量多餐模式，午餐和晚餐提供四菜一湯一水果，且三餐之間及晚上再加點心。

若無法透過食物取得足夠的營養，就必須額外補充營養品，例如：每天早上一杯 250 c.c. 的補體素或亞培安素。或是利用配方入菜的方式，補充蛋白質、纖維素、礦物質、維生素等至飲食當中，例如：每天三次，每次一匙，添加乳清蛋白至稀飯中。

如需依賴鼻胃管灌食，一天中至少一餐採用天然食材，避免全部用灌食配方。

（四）常見的腸胃疾病之處理和預防

中老年人身體的血液循環變差，胃腸消化能力與腸道蠕動力也減弱，加上免疫力下降，腸道內的有害菌增多，胃腸也無法有效抵抗外來病毒、病菌的侵襲。因此，腸道的衰老會促發全身性的老化與各種慢性病症，經常會面臨便祕的困擾、胃腸潰瘍、消化道出血或慢性胃炎等。

老化的心智障礙者身體器官功能逐漸衰退，例如牙齦萎縮或牙齒長期磨損、脫落，造成食物未能充分與唾液混合及咬碎就吞入胃內，加上胃液分泌減少，腸胃的蠕動變慢，因此容易出現胃脹（心智障礙長者會抱怨胃脹脹）、胃泛酸（胃懵懵）、拉肚子的情形出現。常見抱怨有上腹疼痛或不舒服、肚子氣體很多，或是進食後很快就有飽脹感，甚至有

噁心、嘔吐的感覺等等。

以下是老化常見的腸胃疾病：

1. 消化性潰瘍

消化性潰瘍即為胃、十二指腸等處的黏膜長期遭到分泌過多的胃酸侵蝕，導致黏膜表面組織受損。通常患者會出現週期性、規律的慢性上腹部疼痛症狀，而且發作一般具有季節性。胃潰瘍的發作比較不規則，往往在餐後一小時內發生，經過一至二小時之後逐漸緩解，然後到下次用餐過後，又再次發作。十二指腸潰瘍會出現上腹部疼痛，大多在兩餐之間發作，疼痛的程度持續不減，直到服用制酸藥物或是進食才能獲得緩解。

2. 胃炎

胃炎也就是胃部黏膜發炎或糜爛出血的現象。個性壓抑、精神情緒容易緊張、易失眠都是胃病發生的相關原因，胃炎依照症狀發作的時間長短、病理組織的特徵，可分為急性胃炎與慢性胃炎。

(1) 急性胃炎

成因包括不當飲食、攝取過量酒精與藥物、化學藥劑、攝取過熱的食物造成的熱傷害、放射線傷害，以及細菌、濾過性病毒、黴菌的感染等。罹患急性胃炎時發病急速，症狀較輕者會有腹痛、噁心、嘔吐、消化不良等症狀；重者可能會嘔血、黑便，甚至出現失血、酸中毒及休克等現象。

(2) 慢性胃炎

主要是由於胃部黏膜長期受到胃酸侵蝕，胃黏膜組織受到損害，而且是由多種原因引發，包括酒精、菸、咖啡、藥劑、X光射線、幽門螺旋桿菌等。罹患慢性胃炎的人，經常感覺上腹部不舒服，出現飽脹感，甚至是疼痛感，同時還會出現食慾不振、噁心、嘔吐的情形。另外，萎縮性胃炎除了上述的症狀之外，還可能有體重減輕、貧血、腹瀉、營養不良等現象。

腸胃疾病產生的各種徵狀會讓心智障礙長者不適，進而影響食慾造成營養不足問題，也容易引發情緒性的行為，因此預防的工作非常重要，羅列如下：

1. 避免過量飲酒、降低吸菸頻率或戒菸。
2. 放輕鬆減少煩惱，規律運動。
3. 注意衛生飲食，使用個人餐具，飯前便後洗手，避免腸胃感染。
4. 少吃油炸、煎炒、生冷、辛辣、高脂肪、高蛋白食物，避免消化不良。
5. 飲食定時定量、細嚼慢嚥，多吃蔬菜和高纖維食物，如無法有效咀嚼食物，依據評估可將食物剁碎。

三、清潔衛生與皮膚疾病

（一）口腔清潔

1. 定期口腔檢查並積極治療牙齒的疾病，如有牙齒缺損要盡早裝置合適的假牙。

2. 三餐飯後一定要漱洗，並使用潔牙棒（圖 2-37）清理口腔，不僅能預防蛀牙、抑制口腔內的細菌繁殖，也能避免殘留的食物菜渣哽到。

3. 躺臥前口腔內不應含有任何食物或藥物，且有安裝活動假牙者須提醒或協助取下活動假牙，避免噎住。

圖 2-37　潔牙棒

（二）身體清潔

1. 身體清潔方面，若長者無法坐起可使用沐浴床（圖 2-38），每天至少洗澡一次，提供專屬的指甲剪、電動刮鬍刀、毛巾等用品。

2. 放置洗澡椅讓心智障礙長者坐著洗澡，避免心智障礙長者因浴室濕滑而跌倒。為方便在坐姿情況下清洗私密處，可選用座面凹槽設計的洗澡椅（圖 2-39）。

圖 2-38　沐浴床

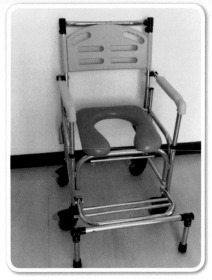

圖 2-39　凹槽沐浴椅

（三）常見的皮膚疾病之處理

　　皮膚是人體面積最大的器官，提供保護身體、排汗、感覺冷熱和壓力的功能。皮膚老化的原因分為內因性及外因性：(1) 內因性：導致細紋、深皺紋的產生，兩頰凹陷，皮膚下垂；此外隨著老化，皮膚也會有功能性的退化，像是表皮保護屏障功能下降、表皮保濕功能下降、皮脂腺分泌功能下降等，因此造成皮膚乾燥，產生假性的細紋。(2) 外因性：皮膚受到日曬、抽菸、過度臉部表情等外在因素，導致真皮層彈性纖維變性、膠原蛋白加速流失、細微血管擴張、表皮色素不均、動態性皺紋，甚而產生曬斑、脂漏性角化（俗稱老人斑）、日光性角化（一種癌前皮膚病變）以及皮膚癌等變化。

老年人最常見的皮膚疾病依序為：濕疹（58.7%）、黴菌感染（38.0%）、搔癢（14.2%）、良性腫瘤（12.8%）、病毒感染（12.3%）；而安養機構的住民最常見的皮膚疾病依序為：黴菌感染（61.6%）、皮膚乾燥（58.3%）、皮膚炎（7.3%）、疥瘡（3.3%）（賴柏如，2017）。重度失能臥床的失能者最常見的皮膚問題就是皮膚炎、疥瘡與壓力性損傷（褥瘡、壓傷）。

針對各種皮膚疾病的問題與處理方式簡述如下：

1. 濕疹

慢性濕疹是常見的皮膚問題，患者常常會覺得皮膚某一部位很癢，不停搔抓，越抓越癢，越癢越抓，甚至還會抓到出血，漸漸的，皮膚變厚，皮紋變深，整個就像樹皮一樣稱之為苔癬化。濕疹需要就醫給予藥物處理，因為這是經年累月的結果，治療需有耐心，除了外用抗發炎藥膏，同時也可以搭配一些止癢藥膏、乳液保濕劑，重建皮膚屏障。

2. 脂漏性皮膚炎

在皮脂腺較豐富的部位有黃色油膩痂皮的紅色斑塊，甚至產生膿疱的皮膚發炎，好發於頭皮、臉部（眉毛、鼻翼兩側、耳朵）和胸前。通常沒有症狀，少數會有癢感，神經損傷的患者（例如：中風、帕金森氏症、阿茲海默症、腦部外傷等）特別常見。除靠外用藥膏治療，照護上要調整規律生活作息、避免身心壓力，維持個人整體健康。

3. 足癬（香港腳）

香港腳有很多種型態，除了最常見在趾縫間可以看到脫屑外（趾縫型），還有以整個腳掌都是厚皮屑，或者是以水泡潰瘍傷口呈現。除了藥物治療之外，需改變衛生習慣才能根治。

(1) 不要用手搔抓腳，以免把黴菌帶到身體的其他部位。

(2) 如果家人也有香港腳，要一起治療，避免共用拖鞋。

(3) 香港腳患者的襪子要避免與衣物一起洗，以免黴菌沾附在衣物上。

(4) 最好有兩雙以上的鞋子換穿，保持通風，鞋子宜放在通風處避免生菌。不要穿長統鞋、膠鞋和合成皮運動鞋，尤其是會流腳汗的患者盡量讓腳透氣。

(5) 穿純棉或純羊毛吸汗的襪子，襪子用手洗淨後，泡在 50℃ 以上的熱水 10 分鐘，消除黴菌。

(6) 做好足部護理，避免足癬、蜂窩性組織炎；足部要保持清潔並乾燥，例如洗完澡，用毛巾擦乾後還要用吹風機吹乾趾縫，保持乾燥清爽。

體癬 99% 都是從足癬（香港腳）而來，因為台灣氣候溫暖潮濕，加速黴菌滋長，對行動不便、失能臥病者，黴菌感染更加常見。最常發生的部位在身體相對溫暖潮濕的腋下、腹股溝和屁股，常發生在肥胖、有穿紙尿褲的心智障礙長者身上。病灶通常為一小圈環狀漸漸往外擴大，中央相對乾淨，邊界較鮮紅且帶有皮屑，通常會搔癢，擦外用藥膏時，塗抹範圍一定要比原本病灶再往外多擦 1～2 公分。

4.冬季癢

皮膚乾燥的發生率和年齡成正比，皮膚乾燥最常出現在小腿、前臂或手腕。有很多原因都會造成皮膚搔癢，故要了解心智障礙長者是否有糖尿病、肝病、慢性腎臟病、長期缺鐵性貧血、紅血球增生症，或有心理或精神方面等慢性病，以及是否服用降血壓、降血脂、心律不整、利尿劑、雌激素等藥物，都可能引起搔癢。

冬季癢是中老年人在冬天常見的皮膚問題，心智障礙長者常因全身或四肢伸展處（關節）發癢，而持續搔抓造成皮膚傷口，特別是小腿前側，甚至產生紅斑、龜裂及落屑；若誤為身體不潔而以肥皂過度清洗，用熱水燙或搔抓等不當方式來止癢，都會使病情更加惡化。照護上要改用溫水沐浴（水溫 41～43℃），一洗完澡，趁皮膚還保有水分時，立即擦拭油性的乳液，一天塗抹 2～4 次；如室內有使用暖氣，可利用增濕器或在室內放一盆水，以保持室內的濕度。

5. 良性腫瘤

皮膚腫瘤是長在皮膚表層或是在皮膚外表可以觸摸得到，比較能夠在早期發現、早期治療。常見的良性腫瘤包括粉瘤、脂肪瘤、脂漏性角化症、黃色瘤、各種母斑等。

(1) 表皮囊腫（粉瘤）是囊壁由表皮細胞所構成的囊腫，囊腫裡面是表皮代謝物，也就是角質。在正常皮膚底下，呈彈性半球形隆起，與下面組織無沾黏，可以移動。大小由零點幾公分到幾公分，而顏色則依所在位置由淺至深，也有淺黃、白色、膚

色至淡青色，可單一或多發；囊腫裡面一般呈乳酪狀，帶有惡臭。平時沒有不適症狀，但如果發炎，會有紅腫熱痛等症狀，嚴重時甚至會化膿。對於大於 0.5 公分的粉瘤，常有感染發炎的機會，通常以手術切除。

(2) 脂肪瘤由成熟的脂肪組織所構成，凡是體內有脂肪組織存在的部位都可能發生脂肪瘤。脂肪瘤是最常見的軟組織良性腫瘤，它可以生長在人體內的各種組織裡，包括表皮下、肌肉內，甚至內臟器官，或者神經組織。其中又以體表皮下最容易發生，常見的好發部位在軀幹及四肢，頭臉部則較少見。形狀呈扁平橢圓形或分葉狀，質地柔軟有彈性，是邊界清楚的皮下結節，不會與皮膚產生黏連，因此可以推動，而且表面皮膚的外觀正常。如果有症狀或引起功能障礙，可手術切除。

(3) 脂漏性角化症為一種由表皮細胞構成的良性腫瘤，俗稱老人斑。為肉色或棕色的斑塊，表面或粗糙或平滑，通常沒有症狀，但少數的病兆可能感到有一點癢。較常見於年長者，體質加上日曬造成表皮的增生，好發在臉部、頭皮及手背。若非為了美容或做鑑別診斷，可以不治療；治療時可用冷凍、電燒，或者手術切除。

6. 水痘、帶狀皰疹

水痘與帶狀皰疹（俗稱皮蛇）屬於同一類型病毒感染，但為不同時期的表現。第一次感染水痘病毒會引起水痘的症狀，常見發燒，皮膚病兆為紅疹合併水泡，由身上先開始，再往四肢擴散出去。傳染性極高，

是疾管署規定通報的傳染病之一。第一次被感染後，水痘病毒就會潛伏在我們體內，等到某個時間免疫力低下，它會趁機活化，從神經根發病。第二次的發作叫帶狀皰疹，主要症狀除了水泡傷口，另外會造成神經發炎而引起神經痛，神經痛的症狀有時會延續很久。

患者要進行感染控制避免感染給別人，例如：沐浴床使用後用漂白水洗，或讓患者最後一個洗；衣服單獨清洗。

7. 疥瘡

典型疥瘡是經由直接皮膚接觸傳染，因為疥蟲並不會跳，而且爬行緩慢，所以傳染力根據患者身上疥蟲數量、皮膚接觸範圍、時間長久和持續性有關。傳染的風險會隨著皮膚疥蟲數量越多而增加，尤以結痂型疥瘡傳染力最高，患者身上有數百萬隻疥蟲，甚至連掉下來的皮屑都有傳染力。一般接觸時間至少要 5～10 分鐘，疥蟲才可能從患者移行到接觸者上；乾洗液不能殺死疥蟲，如果懷疑患者有疥瘡，戴手套較安全。

(1) 第一次感染疥瘡，約 2～5 週後症狀才會開始出現，包括全身紅疹和搔癢，要先找出是如何被傳染的，調查接觸史，同住的人要一同治療，居住環境中物品必須要清潔，才能完全根治。感染者長期接觸的物品、衣物、床單、毛巾用 50℃ 以上水煮至少 10 分鐘；如果是沒辦法清洗的物品，可用加熱滅菌方式（如烘衣機）處理，若無法清洗或加熱烘乾，可以將這些物品用黑色塑膠袋包住，在一般環境下（溫度：21℃，相對濕度：40～80%）靜置兩週，疥蟲就無法存活。

(2) 身體對於疥蟲、蟲卵和其糞便的免疫反應，造成全身遍布紅疹

伴隨極度搔癢，特別是夜間加劇，疥蟲一旦跑到新宿主的皮膚上，會在 30 分鐘之內鑽入表皮的角質層中，形成約 0.1～1 公分蜿蜒狀稍微凸起的紅色線狀丘疹的蟲穴道。疥蟲喜愛待在體溫相對較高和比較薄的角質層處，例如：指縫／腳縫、腋下、乳暈、陰莖、肚臍、肛門附近、腳踝、腳內側。患者在搔抓過程中可能會把疥蟲抓到指甲下，疥蟲就藏於該處存活，造成指甲增厚、變形。治療期間要修剪患者指甲，塗抹藥物時要將外用藥刷到指甲前緣，才能完整治療。

(3) 疥蟲本身可以傳播細菌，一旦皮膚有傷口，細菌就會趁機跑入皮膚內，導致膿痂疹、疔瘡、蜂窩性組織炎。

外用藥物注意事項：

(1) 修剪指甲：因為可能潛藏疥蟲，將指甲剪短，外用藥才能作用到指甲下緣處。

(2) 洗澡並擦乾身體：先洗完澡後，全身擦乾，洗澡後皮屑清除，抹藥效果更好。

(3) 回復正常體溫：洗澡後約等 60 分鐘，體溫恢復正常再抹藥物。如果洗完澡立刻擦藥，比較容易導致藥物全身性吸收，副作用機會增加。

(4) 塗抹藥物：脖子上緣處（下頷骨以下）開始，一直到腳趾／腳縫處。常見忽略部位：耳後、肚臍、生殖器、指甲下緣、趾縫。塗抹藥物時需戴手套，不能洗手，如果有洗手，必須再次將外用藥物補上。如疥瘡侵犯頭臉，頭臉部也必須要塗抹外用藥物治療。

(5) 上床睡覺：藥物最佳使用時間為晚上睡覺前，因為有些藥物有刺激性，如果在白天塗抹，會比較容易有感覺；睡覺時較不會注意到，同時可以避免到處走動或是使用其他物品而將藥物去除。

(6) 沐浴清潔：藥物作用時間（約 8～14 小時）完畢後，洗澡或沐浴將藥物去除。

(7) 遵循醫囑用藥：常見疥瘡藥物使用方式為一週後再塗抹藥物一次，第一週殺疥蟲，第二週殺蟲卵孵化後的幼蟲，治癒率才能大幅提高。

(8) 兩週後回診：兩週後回診讓醫師確認還有無感染。

(9) 結痂型疥瘡直接皮膚接觸的傳染力高，患者身上有數百萬隻疥蟲，只要短暫接觸皮膚就會導致感染，甚至連掉下來的皮屑都有傳染力，因此會藉由間接接觸患者使用過的物品而傳染給別人，一旦發現，就要強制隔離。結痂型患者所接觸過的衣物、鞋子、床單和毛巾，每天都需要更換，直到第二次治療後一天，才不需要。

8.壓力性損傷（褥瘡、壓傷）

壓力性損傷好發於骨突處，如枕骨、耳廓、肩胛骨、肘部、背部、椎體棘突、髖部、骶尾部、膝關節內外側、足內外踝、足跟等處。長期沒有更換姿勢受到壓迫，皮膚經常受潮濕、摩擦刺激，加上營養不良所致，心智障礙長者感官知覺遲鈍，且不擅表達，一旦發生往往已相當嚴重，在服務過程中需隨時注意觀察及防範。

(1) 減壓、翻身、避免受壓：在骨骼隆凸和皮膚與皮膚相接觸的部位墊軟枕，如心智障礙長者穿著副木或矯正鞋要特別注意是否有皮膚擠壓，視狀況在雙膝關節、雙足內外踝及足跟處加軟墊，至少 2 小時 1 次，必要時 1 小時 1 次，檢查是否發紅、破皮。要確實做好翻身、正確擺位，可搭配氣墊床使用，但還是要翻身。

(2) 避免皮膚摩擦受損：搬動心智障礙長者時應避免拖、拉、拽、扯等動作，避免摩擦皮膚，可在其背部及臀部下墊軟墊或中單，翻身時可利用軟墊抬起心智障礙長者，在輪椅上移動調整心智障礙長者坐姿時可用移位腰帶，避免直接拉扯褲頭，減少對心智障礙長者皮膚的摩擦損傷。

(3) 避免剪力姿勢：床頭抬高 30 度以上的正臥姿勢不要太久，因為剪力加上體重的壓力，會導致尾骶部產生較大的損傷。此外乘坐輪椅時要注意擺位，避免心智障礙長者滑坐成剪力姿勢，應給予適度固定支持，固定時不可以細繩或布條，避免局部拉扯壓迫。

(4) 避免潮濕應保持乾燥：在潮濕環境下，發生壓傷的危險會增加 5 倍，對於大小便失禁、流汗及分泌物較多的失能臥床者應隨時給予會陰沖洗，保持乾燥。對長期包尿布或使用尿套的心智障礙長者每天應至少移開尿套或紙尿褲兩次，每次 15 分鐘，使皮膚透氣乾燥；衣物、床單要隨時保持乾燥平整無皺褶，如有使用塑料布或橡皮中單要鋪布床單在上，不可直接接觸塑料布或橡皮中單。

(5) 增加皮膚按摩及關節被動運動：每次翻身時應按摩骨突處皮膚及肢體關節被動運動，促進血液循環，如果皮膚有持續超過 30 分鐘發紅未改善，就不可按摩，應避免壓迫。

(6) 補充足夠的營養素：定期量體重，注意身體質量數，避免營養失衡，補充足夠的蛋白質、維生素 A、維生素 C、維生素 B 群與鐵、鈉、鉀、氯、鋅等礦物質。

 ## 四、案例分享

（一）案例一：小小（48 歲）

現況 （含疾病和 健檢結果）	支持策略
1.原尚有簡單語詞表達能力，隨著年齡漸長，漸漸地只會單字應答，現在幾乎已不會用口語表達與回應	1.因為失去口語表達能力，需要特別觀察過去的生活習慣與現在生命跡象的細微變化，例如要特別留意是否會異常的流汗或無從事特別勞動卻有倦怠的感覺，這些皆需要服務提供者特別注意。

現況 （含疾病和 健檢結果）	支持策略
2. 106 年健康檢查身高 158 公分，體重 40 公斤（BMI16），骨質密度 -3	2. 均衡飲食 2-1. 每日需攝取 1,900 大卡熱量，除正常飲食外應補充營養素，並注意蛋白質之攝取量。 2-2. 需增加其鈣質之提供，建議於每日上午 10 點及下午 3 點提供奶製品點心。 2-3. 在合適的時間點及光源下，每日可曬太陽 15 分鐘。 2-4. 依物理治療師之建議運動：散步 30〜40 分鐘，每週三次，預防骨質流失。
3. 107 年開始出現走路不穩的現象，並有突然發生跌倒的狀況	3. 預防跌倒 3-1. 活動時須注意安全。 3-2. 開始使用輔具（有扶手的座椅／移行輔具）（圖 2-40〜圖 2-42 ）。  圖 2-40　提供有扶手的座椅

現況 （含疾病和 健檢結果）	支持策略
	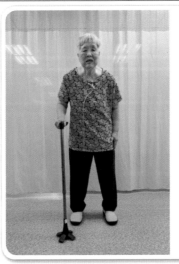 圖 2-41　使用移行輔具──拐杖 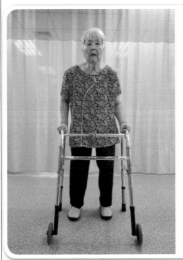 圖 2-42　使用移行輔具──固定型助行器

現況 （含疾病和 健檢結果）	支持策略
	3-3. 下肢肌耐力體能訓練活動 (1) 維持至少一下 3 秒，一次 10～15 下，每回 2～4 次，一天 1～3 回。 首先雙手扶持微蹲後短暫停頓再站起，或踮腳尖站立短暫停頓（椅子／腳往後）（圖 2-43）；再來雙手扶持站立，交替抬高腿時短暫停頓（圖 2-44）；最後坐著腳伸直短暫停頓，讓腳踢到標的物（圖 2-45）。 (2) 踩踏固定式腳踏車，每次 10～15 分鐘，每回 1～2 次，一天 1～3 回。 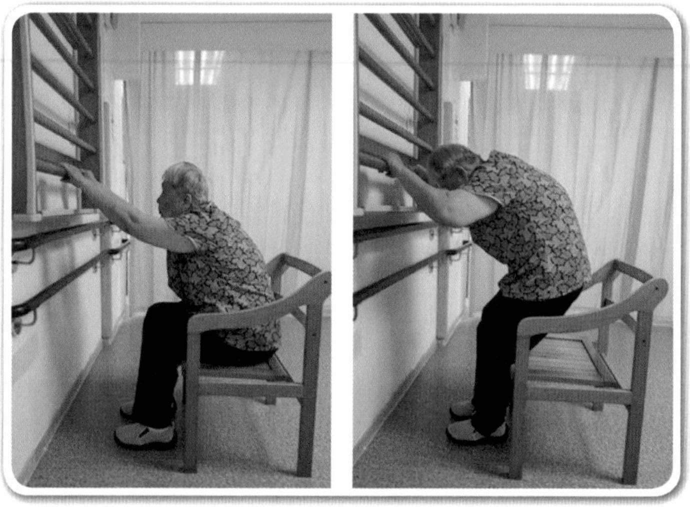 圖 2-43　下肢肌耐力體能訓練活動步驟一

現況 （含疾病和 健檢結果）	支持策略
	 圖 2-44　下肢肌耐力體能訓練活動步驟二  圖 2-45　下肢肌耐力體能訓練活動步驟三

（二）案例二：巧巧（50 歲）

現況 （含疾病和健檢結果）	支持策略
1. 無口語能力，可理解日常生活用語	1. 服務提供者需通過細微觀察變化，比對日常生活習慣及生命跡象是否有改變。
2. 患糖尿病，每日注射胰島素兩次，及降血糖藥三種，一日二次，106 年健檢血壓為 160/100 mmHg	2. 健康照護 2-1. 就診後依醫囑規律用藥，並每日監測血糖、血壓，定期回門診就醫追蹤。 2-2. 每日檢查皮膚是否出現不明傷口，以及末梢循環狀況。 2-3. 觀察手腳疼痛感是否喪失、遲鈍（保暖、合腳包覆性鞋子、天冷時要更注意保暖）。 2-4. 避免高醣類、高油脂飲食，飲食定時定量，增加青菜等低熱量且富含纖維的食物，以提供飽足感。 2-5. 維持理想體重。 2-6. 維持每日如廁之習慣，避免便祕。 2-7. 依物理治療師建議從事低負荷運動，如散步、打槌球、慢速爬山、慢速游泳等，每次 30～40 分鐘，每回 1～2 次，一天 1～2 回，一週 3～5 天，並於運動前後監測其血壓。 2-8. 沐浴時水溫勿過高，41～43℃ 較為理想。
3. 107 年 2 月開始，常無意願參與活動，重複提醒時，多以搖頭回應照顧者，對於自己的物品也時常找不到，故安排就醫檢查，診斷為白內障，並接受水晶體置換術	3. 術後照護 3-1. 維持正常眼壓，術後兩個月內勿彎腰低頭、勿吃太硬的食物、勿快速改變動作、避免用力。 3-2. 正確的眼睛保護，術後兩個月內，睡眠時務必戴上眼罩、眼罩每日以 75% 酒精擦拭、避免用手揉眼睛。 3-3. 避免強光和陽光，外出配戴帽子及太陽眼鏡。

攜手心智障礙長者樂活老化

「等一下要和朋友玩小布球，每次都玩到流汗但好好玩。」

「前幾天我還有和家人用平板視訊聊天，

把元宵節時工作人員教我做的燈籠給他們看，

還有我到公園提燈籠的照片，

家人都誇我好厲害，我很開心！」

專業的照顧工作滿足了心智障礙長者在老化過程中生活起居、飲食，以及清潔衛生等生理上的需求，但心智障礙長者生活品質的提升，還必須維護長者的尊嚴，並透過趣味性和休閒活動安排、社交生活維持，以及心理健康支持等幾個面向，陪伴長者快樂生活，才能達到樂活老化的目標。

一、多元豐富的活動設計

（一）從趣味活動中感受時令變換與季節更迭

才藝課可和所有的活動相互搭配結合在一起，因此，在規劃心智障礙長者活動時可以結合節令、節慶、流行時尚以及健康體適能，讓心智障礙長者有時間感。例如過年才藝活動時讓長者寫春聯、貼春聯（圖3-1、圖3-2），社區適應時買春聯在寢室或機構大門貼春聯，而接下來的春節活動內容，亦可根據生肖而有變化，像是鼠年在畫春聯時可畫有關鼠年的圖案等，這都是為即將到來新的一年做暖身預備。

每年的節慶像是元宵節到來時可做燈籠、提燈籠讓心智障礙長者有春來冬去的觀念；夏季時可在端午節到來前規劃做龍舟、划龍舟；冬季時則安排聖誕節的活動，藉由這些活動，讓長者們產生「儀式感」，並讓心智障礙長者知道節令節氣的更迭，而建立時間的觀念。

圖 3-1　在機構大門貼春聯

圖 3-2　寫春聯

1. **元宵迎春**：元宵節才藝活動時做燈籠（圖 3-3）、夜間活動提燈籠、社區參與去看花燈（圖 3-4），這些每年執行的活動與春天節令連結起來，心智障礙長者便知道春天來了。

2. **歡慶端午**：端午節就代表炎炎夏季已經來臨，這時候才藝活動可以製作龍舟，體適能活動進行與心智障礙長者划龍舟（圖 3-5、圖 3-6），讓心智障礙長者知道進入夏天了。休閒娛樂也可以和健康體適能結合，透過有趣的活動設計及團體互動的力量設計上肢、下肢及軀幹等體適能活動。

圖 3-3　元宵節時做燈籠

圖 3-4　逛花燈

圖 3-5　慶祝端午節

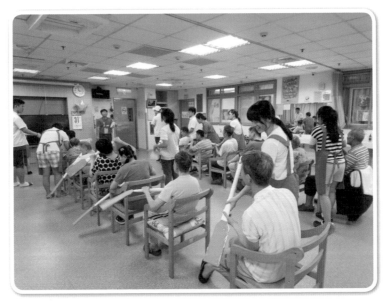

圖 3-6　划龍舟

3. 溫馨聖誕：聖誕老公公來了！意味著冬天來了，一年將盡。聖誕節活動可以做聖誕卡，由志工扮演聖誕老公公亦可以與心智障礙長者一起同樂，並贈送聖誕禮物（圖 3-7）。

圖 3-7　聖誕老公公與心智障礙長者一起同樂

（二）從休閒活動中達到運動和健康功效

適宜的活動安排能為生活帶來適當的意義與節奏，與生理及心理健康息息相關，是維護心智障礙長者健康的不二法門。在活動設計中，健康體適能活動其實是可與休閒活動相互搭配的，例如，透過不同器材達到體適能訓練目的。相對地，同樣的器材亦可以有不同的目的，端看活動設計如何運用。

　　本會（育成基金會）近年來設計許多符合心智障礙長者健康需求之休閒活動，為了提高心智障礙長者參與活動的興趣，特地採用多元的活動設計及器材來完成，希望透過安全、多層次且富趣味性的體適能搭配休閒活動方式，提升心智障礙長者參與動機。這樣的設計不僅對服務單位的心智障礙長者在健康體適能部分有所助益，也增添彼此互動交流的機會，亦使這些長者們能從中獲得成就感而主動參與並持續參與活動，進而享受身心健康的老年生活。

　　為了讓心智障礙長者參與活動，享受運動及休閒的樂趣，在體能活動設計方面應包含運動、遊戲、韻律等多樣性的活動設計，以符合心智障礙長者的興趣、能力與限制。在針對心智障礙長者實施體適能與休閒活動教學時，也應考慮其需求與個別差異，在擬定活動目標、選擇活動內容、應用器材和活動方法上，加以適當的修正與運用。在規劃心智障礙長者休閒活動時，可參考鄭光慶（1996）針對適應體育的教學原則做設計，原則如下：

1. **個別性**：針對心智障礙長者的身心狀況與需求，研擬個別化方案。
2. **綜合性**：發揮多種感官作用，形成綜合性感覺。
3. **科技性**：介紹特殊教育及復健醫學方面的輔助教材和研究成果的應用。
4. **循序性**：依心智障礙長者的能力與狀況，按「他動運動」、「協助運動」、「主動運動」、「阻力運動」之順序實施，並隨時給予回饋。

5. **有效性**：掌握心智障礙長者目前已具有「動作」或「表現」的程度，且要更進一步觀察適合其本身的活動方式。

6. **功能性**：「功能性體位分級」之活動、腦性麻痺長者的地板滾球、輪椅籃球等，均屬特殊設計。

7. **安全性**：應掌握心智障礙長者的各種狀況，諸如身體狀況、機能狀況、運動能力、互動能力等，心智障礙長者從事運動時，給予安全性的指導與保護。

以心智障礙者之體適能與休閒活動教學為例，心智障礙長者運動能力的普遍問題包括：時間空間的知覺遲鈍，對身體的意識、移動的能力及抓握的投擲能力較差，並且由於活動機會少，體力較差。因此，為因應心智障礙長者注意力無法集中的特性，應安排視聽干擾較少的場地，並且課程要能引起他們興趣。而清楚的示範動作及一再的重複練習更是最有效的教學方法，因為對於教導心智障礙長者而言，模仿是最有效的吸收方式。示範如能以手接觸的方式讓心智障礙長者知道肌肉運動的感覺，或與心智障礙長者站在同一方向示範動作，會更為有效。

（三）活動設計範例

以下呈現的兩個活動設計範例，分別為「我是神射手」及「我是足球王」，這兩個活動設計具有趣味性、層次性、學習簡單以及活動器材製作費用低廉等特性，皆有利於推廣和運用。教保員及相關服務人員可與治療師討論後，依照心智障礙長者自身的障礙程度及老化狀況，選擇合適的活動設計，讓心智障礙長者能從中獲得樂趣、成就感和自信心，

並藉由課程設計提升自身上下肢肌力、身體協調及平衡的能力。亦期望透過這些活動教材，能協助教保人員適應心智障礙長者個別差異的教學困境，減輕設計活動的負擔，使服務機構內之心智障礙長者得到更好的服務。

1. 活動設計範例：我是神射手

單元名稱	我是神射手	具體目標	協助心智障礙長者能藉由有趣的投球活動，學習手臂投球的動作，藉以掌握自己的投球的力量，增進手臂肌力、身體協調、平衡的能力及人際互動。
時間	活動內容		
準備活動（10分鐘）	一、準備活動 1. 集合心智障礙長者點名。 2. 播放律動音樂做暖身操（以單位現有的暖身操），加強手指張握及四肢的伸展運動（圖3-8）。 圖 3-8　手部伸展運動		

時間	活動內容
	【活動策略】加強手部暖身運動 活動課程中會大量運用手部及軀幹等肌肉，為避免心智障礙長者在活動進行中會因不正確的操作姿勢而產生運動傷害，因此在活動前要先進行暖身運動。
發展活動 （每節各 30 分鐘）	**二、發展活動** 利用組合式置物籃組成 3×3 的九宮格樣式，九宮格每格規格為 30×30 cm，合計為 90×90 cm（圖 3-9）。  圖 3-9 「我是神射手」器材示意圖 基本動作說明、示範規則，說明如下： 1. 帶領者將有效投擲區內分成九個區域，並告訴心智障礙長者接下來要玩的活動叫做「我是神射手」。 2. 告訴心智障礙長者活動規則：活動帶領者會要求心智障礙長者站在遊戲操作區內，將小布球投擲到指定的數字或相同顏色範圍內，如果投進指定的範圍內，便得 1 分。如果未投進，則沒有得分。

時間	活動內容
	3. 讓心智障礙長者進行分組遊戲，藉此練習將球投擲在有效的範圍內，並且可以控制力道。 4. 以下活動依難易度可分為兩節進行： ◎第一節：勝投王 　　依投擲區遠近，將紅色投擲區設定為 3 分，綠色投擲區設定為 2 分，藍色投擲區設定為 1 分，每位心智障礙長者每次上遊戲操作區有 5 次投球機會（5 顆小布球）。 　　依據上述規則設計出可用於神射手單元活動之通用計分表（圖 3-10），此通用計分表有利於教學者活動進行，減少繪製計分表時間。  ⊛圖 3-10　通用計分表 【活動策略】規劃競賽規則 安排能力類似（如同樣需乘坐輪椅）的對手一同比賽，將有助於活動時間進行，也可製造難分軒輕的緊張氣氛。 【活動策略】扮演啦啦隊幫隊員加油打氣 活動氛圍的帶領相當重要，熱絡的活動將有助於引起心智障礙長者興趣及投入程度。在競賽時同組組員都可扮演啦啦隊幫忙加油打氣（圖 3-11）。

時間	活動內容
	 圖 3-11　扮演啦啦隊幫隊員加油打氣 ◎第二節：顏色配對　　將投擲區分為三大區塊（紅、綠、藍），再將紅、綠、藍各三顆小布球裝進籃子中（共九顆）給心智障礙長者投擲，心智障礙長者在投擲過程中須先將小布球顏色與投擲區顏色進行配對後，且小布球投中與其顏色相同的投擲區才能得一分。【活動策略】依能力彈性調整投球距離針對上肢肌力較弱之心智障礙長者會先讓其試投，待得知可投進的距離後再將投球距離依其能力調整（圖 3-12）。

時間	活動內容
	（圖3-12的照片位置） 圖 3-12　試投以調整投擲距離
綜合活動 （10分鐘）	**三、綜合活動** 1. 集合心智障礙長者點名。 2. 老師透過講解、示範和發問做重點複習，心智障礙長者一起合作收拾器具。 3. 提醒心智障礙長者下課後將汗擦乾，再洗手、喝水。

2. 活動設計範例：我是足球王

單元名稱	我是足球王	具體目標	協助心智障礙長者能藉由有趣的踢（槌）球活動，學習下肢踢球的動作，藉以掌握自己的踢（槌）球的力量，增進下肢肌力、身體協調及平衡的能力。
時間	活動內容		
準備活動（10分鐘）	一、準備活動 1. 集合心智障礙長者點名。 2. 播放律動音樂做暖身操（以單位現有的暖身操），除軀幹外需加強四肢的伸展運動（圖 3-13）。		

圖 3-13　加強下肢的暖身運動

【活動策略】依據活動部位加強該部位暖身運動

活動前暖身活動是必需的，此活動因會大量運用到下肢，故特別加強下肢的暖身運動。

時間	活動內容
發展活動 （每節各 30 分鐘）	**二、發展活動** 　　活動帶領者告訴心智障礙長者接下來要玩的活動叫做「我是足球王」。 　　以下活動依活動量可分為三節進行： **◎第一節：射門王** 1. 告訴心智障礙長者活動規則：活動帶領者會要求心智障礙長者站於射門區內，用慣用腳將軟式足球踢到球門內，便得球門所代表的分數〔中間球門為 5 分（紅色），兩側各 3 分〕（圖3-14）。若沒踢進球門而僅踢至球場內〔依遠近而有 2 分（綠色）及 1 分（藍色）的差別〕；反之若出界，則沒有得分。 【圖 3-14 照片】 圖 3-14　「我是足球王」器材示意圖 2. 將所有欲參加的心智障礙長者分成兩組，每組 3～5 人，分組比賽（圖 3-15）。

時間	活動內容

	圖 3-15　透過分組競賽方式更能增進參與程度

【活動策略】依能力適時調整踢球策略

嘗試讓心智障礙長者自己踢球，若無法自己完成踢球動作，則再適時運用輔具以協助心智障礙長者完成活動（圖 3-16、圖 3-17）。

圖 3-16　依能力適時調整踢球距離

時間	活動內容
	 圖 3-17　運用輔具讓活動順利進行 ◎第二節：圓陣踢（槌）球 1. 將所有欲參加的心智障礙長者分成兩組，每組 3～5 人，分組比賽。 2. 兩組心智障礙長者面向面坐在椅子上圍成單圓（直徑距離約 4 公尺），使用 1～2 顆大型海灘球（約 36 吋），練習踢球和停球。 3. 踢球方向以踢（槌）向非所屬組別為原則，活動開始時可於音樂播放時間（約 1 分鐘）內隨意踢球，倒數時間（10 秒）停止時，球落在心智障礙長者前，則該心智障礙長者所屬隊伍即失分一次；此活動以 10 分為起點，誰先扣完 10 分則該隊即敗戰，另一隊即優勝。 4. 彼此互傳須讓每位心智障礙長者皆能踢（槌）動球，等心智障礙長者熟悉規則後再將半徑拉長。

時間	活動內容
	5. 活動器材示意如圖 3-18 所示：  ⊚圖 3-18　「圓陣踢球」活動器材示意圖 【活動策略】隨參與人數增加可增加球數並讓帶領者一同參與若參與活動的心智障礙長者較多（5 位以上），可嘗試將圓陣半徑擴大，並將球增加至 2 顆，如此調整活動氣氛更加緊張，心智障礙長者踢到球的次數也增加。此外為讓活動進行順利，安排各組活動帶領者分別穿插於所屬組別中（圖 3-19），以利排除活動進行中可能發生的各項問題（如球卡在中間或組員忘記踢球等）。  ⊚圖 3-19　帶領者一同參與活動能使活動進行順利

時間	活動內容
	◎第三節：足球接力大賽 1. 將所有欲參加的心智障礙長者分成兩組，每組 3～5 人，分組比賽。 2. 當活動開始時，各組需讓心智障礙長者（獨自或支持）邊向前邊用手（或推桿）滾海灘球滾約 3 公尺。行進時需繞過障礙物，以 S 型方式向前，心智障礙長者用手邊走邊滾海灘球至射門線停止，再用腳將球踢出射門（各放兩個組合櫃當作球門），若球沒有踢進球門，則必須自己撿球至射門線再射門一次，每回共有三次嘗試射門機會。 3. 球射進後，用手（或推桿）將球滾回起點，接著換第二棒，如此反覆進行，10 分鐘內將球射進球門內最多的一方獲勝。 4. 場地配置如圖 3-20 所示：  圖 3-20　「足球接力大賽」場地配置圖 【活動策略】適時給予部分或完全支持 活動帶領者可視心智障礙長者活動進行各階段（手滾球階段、繞過障礙物階段或踢球階段）過程，而給予部分或完全支持（圖 3-21）。

時間	活動內容

	圖 3-21　活動時適時給予支持
	【活動策略】依需求彈性調整活動進行方式
	為讓行動不便者（如乘坐輪椅者）亦能順利參與活動，可改以手環抱大球方式取代手滾大球方式進行活動（圖 3-22）。

	圖 3-22　以手環抱大球方式取代手滾大球

時間	活動內容
綜合活動 （10分鐘）	**三、綜合活動** 1. 集合心智障礙長者點名。 2. 老師透過講解、示範和發問做重點複習，心智障礙長者一起合作收拾器具。 3. 提醒心智障礙長者活動結束後將汗擦乾、洗手，再喝水。

　　從事規律體適能與休閒活動的人，可以維持較好的身體機能，也能減少慢性疾病的發生率，而且在年老時，身體機能也比較不會大幅衰退。對於心智障礙長者來說，若能提早藉由從事規律的身體活動，將會減緩生理上老化帶來的衝擊，保持較好的肌力、耐力、平衡感及柔軟度，不僅維持生活行動能力，亦能降低一些由老化所帶來的慢性病危險因子。

　　此外，透過團體競賽的活動設計，亦可增加互動頻率及人際關係，是促進心理健康相當重要的一環。因此，心智障礙長者若能夠更積極地參與體適能與休閒活動，他們的生活將可以過得更滿意。

二、維持社交生活

　　不同的家庭能夠為心智障礙家庭成員提供的生活豐富度不同，涉及的因素有：家人數量（有較多家庭成員分工，個人負擔相對較少）、家人責任感與親密程度（願意為心智障礙成員付出的意願）、工作與經濟能力（外出購物或出遊都要花費）、家人限制（家人有自己的生活，需要陪伴其他的家人）等。

為支持心智障礙長者有豐富的生活，機構應盡量安排多元的活動，除了邀請講師到機構內帶領各項活動，亦可在工作人員的協助下，定期規劃戶外活動，使心智障礙長者能夠融入社區生活。

（一）定期安排社區活動

心智障礙長者同樣有社區參與的需求和權利，機構應每月安排至少一次外出活動。活動性質和地點依照心智障礙長者的喜好、宗教、日常生活需求，並搭配節慶主題和地方資源來決定，例如：到便利商店購買個人生活用品、參加燈會活動感受元宵節氣氛、出席里民活動成為社區的一分子。

為了讓心智障礙長者能安全地參與外出活動，除了每次活動行前的場勘、籌備和分工之外，尚須留意長者體能、如廁需求、危機處理，以及外出用餐等事項，掌握要點如下：

1. **交通**：為使活動能順暢且安全的進行，步行的距離和時間要考量年老心智障礙者的體力並有備案，活動地點要有輪椅足以迴轉的空間。

2. **無障礙設施**：掌握交通路途和活動地點的無障礙廁所位置。

3. **活動地點設施設備**：攜帶心智障礙長者的備用衣褲及個人藥品，還要準備簡易急救箱，並掌握交通路途和活動地點鄰近的醫療院所位置。

4. **輔具**：依心智障礙長者的進食方式攜帶研磨器／攪拌器、食物剪、隨行杯，以及特殊餐具，以利在外用餐。

5. 掌握外出人員配置：為使外出人力能妥善運用並規劃人員的適當配
置，可搭配本會編擬之「社區適應訓練暨活動人員配置表」（表
3-1）。表格內容及操作說明如下：

(1)「社區適應訓練暨活動人員配置表」使用方法：

- 【活動方式／內容】：填寫活動方式及內容。
- 【活動目標】：填寫活動目標。
- 【活動時間】：填寫活動日期。
- 【活動地點】：填寫活動地點及時間。
- 【填表人】：填寫規劃人員姓名。
- 【交通方式】：搭乘交通車者以行動不便心智障礙長者為優
  先，視心智障礙長者人數、狀況安排隨車教保／職輔員人
  數；其他未分配搭交通車之心智障礙長者及教保／職輔員依
  活動地點決定搭乘交通工具，進行心智障礙長者及教保／職
  輔員之編組。

  ※填寫方式為：心智障礙長者姓名—協助人員姓名／身分—
  　交通工具。不限定所有人員搭乘同一種交通工具；不限定
  　一位協助人員只協助一位心智障礙長者，可視需要調整配
  　置。

- 【抵定點人員配置】：抵定點時可重新安排心智障礙長者及
  教保／職輔員的配置。
- 【其他注意事項】：①活動所需攜帶物品，如：車票、藥
  品、輪椅等。②活動安排事項，如搭乘交通工具、抵定點集
  合地、用餐事宜等。③安全應注意事項，如環境安全、心智

表 3-1　社區適應訓練暨活動人員配置表

活動方式／內容：						
活動目標：						
活動時間：						
活動地點：				填表人：		

交通方式	姓名	協助人員姓名／身分	交通工具	姓名	協助人員姓名／身分	交通工具

※ 交通工具使用符號：1. 交通車；2. 公車；3. 捷運；4. 步行；5. 其他。
※ 協助人員使用符號：1. 教保員／職輔員；2. 志工；3. 家長；4. 其他。

抵定點人員配置	姓名	協助人員	姓名	協助人員

其他注意事項	

障礙長者個別安全、心智障礙長者特殊生理狀況等。

(2) 「社區適應訓練暨活動人員配置表」使用時機：

①讓每一位教保／職輔員清楚知道活動方式／內容、目標、時間、地點，以及搭乘交通工具時及抵定點時要負責照看的心智障礙長者。

②依中心安排輪值表，由負責教保／職輔員在活動前一週填寫。

「社區適應訓練暨活動人員配置表」使用目的

1. 使心智障礙長者與社會共融，參與社區活動，結合社區資源，增進人際關係及社區適應能力。
2. 與個別化服務計畫（ISP）結合，規劃社區適應課程，擬定活動目標，並規劃人員的適當配置。
3. 讓教保／職輔員在安排活動流程之過程中，獲得計劃經驗（如人員安排、餐點準備、與相關人員／單位之協調等）。
4. 協助活動能順暢及安全的進行。

（二）協助與親友保持聯繫

機構中有教保員、社工和其他友伴一起過生活，但親人的感情連結是無法被取代的。心智障礙長者入住到全日型機構，受限於家人照顧能量與生活條件，未必能時常返家，尤其是心智障礙者年長的同時，年邁的父母或是接手照顧的手足通常也無力負擔原本的返家或會親頻率和照顧強度。因此，定期與親人保持聯繫就成為很重要的感情慰藉。

身處網路資訊時代，機構服務也要與時並進，善用電信科技、視訊技術，支持心智障礙長者和親朋好友保持聯絡，維持生活圈。拜網路科技之賜，現在只要透過平板電腦或智慧型手機連結 wifi 網路即可和親人視訊，非常方便。機構社工應和心智障礙長者的父母、手足或親人商議好聯繫的頻率和時間，在家屬可以負荷的情況，協助心智障礙長者與親人保持聯繫。

心智障礙者的人生中，也會有許多結交朋友的機會，朋友圈的聯繫也不應該因為入住機構或從日間型機構服務轉為全日型機構服務後，就失去聯繫，可以透過單元活動的安排來達到社交目標，例如：「寫給朋友的一封信」，增添一些生活的樂趣。

三、心理健康與情緒支持

（一）引導心智障礙者接受老化帶來的改變

老化會造成記憶力衰減、行動的不便，以及視力、聽力等功能的退化，並伴隨著各種不舒服的病痛，這些生理的症狀會直接反饋給心智障礙者，知道自己和以前不一樣。經過教學後他們知道自己處於老化的過程，但要從認知到接受仍然需要一段生理和心理上的適應。

機構教保員必須保持敏感度觀察心智障礙者老化現象，並提早為其做心理準備，具體策略分述如下：

1. 認知

(1) 定期觀察與評估，並對心智障礙長者認知及行為表現的變化保持敏感度，方能適時適度調整服務目標（例如：從能力強化轉為減緩退化或生活安適）、支持程度和策略，並及時連結醫療資源，甚或進行安置轉銜。

(2) 讓心智障礙長者維持一般生活中具功能性的活動，並賦予角色任務及意義，多多讚美肯定。例如：負責撕日曆、摺衣服、疊被子、擦桌椅、澆花等。

(3) 配合心智障礙長者的能力、興趣以及過去的背景經驗，結合不同的主題如懷舊、感官、節日等，讓心智障礙長者樂在活動，並在成果發表中獲得成就感及樂趣。可參考的活動如：舊照片分享、製作個人生命故事書、老歌欣賞、聽歌有獎徵答、圖卡記憶遊戲、桌遊、抄寫、園藝等。

(4) 可結合觸覺、嗅覺、聽覺、味覺等感官知覺途徑，進行芳香、黏土、剪貼、繪畫、著色，或圖卡辨認／配對／分類等內涵規劃活動。例如：嗅聞百里香葉子的香氣、觀察葉子的形狀、觸摸葉子的紋路、泡／喝葉子茶，進行顏色形狀配對、位置記憶遊戲、按壓拓印、製作樹書、在貼好的葉子旁進行主題增繪等。

(5) 多方引導人際互動，無論是與工作人員之間或是同儕之間分組分工、互動，甚或可多連結志工資源以增加其人際互動刺激與新鮮感。

(6) 平時可以自然反映心智障礙長者老化現象，例如：頭髮變白、皺紋變多等，以建立現實感。

2. 溝通與情緒支持

(1) 工作人員宜先接受老化及症狀現實，不強行要求改變，造成心智障礙長者的壓力。

(2) 溝通重大事情時（如：親人過世、年節無法返家等），需要減少環境中干擾因素（如：吵雜聲響、食物、電視等），敏察評估心智障礙長者當下身心狀態。

(3) 說話時須在心智障礙長者看得見的視野範圍內，面對面、與心智障礙長者視線在同一水平面上（必要時蹲下）；避免快速舞動肢體，以免引發過度聯想或情緒。

(4) 年長的心智障礙者思考彈性與反應速度較不佳，盡量不要勉強、催逼或中斷其說話，要提供更多時間來等待回應。

(5) 避免以對待小孩子的口吻說話，而是以尊重年長者的語氣說話。

(6) 若心智障礙長者在提醒後仍想不起來已經發生過的事情，宜傾聽同理（並非認同），再以溫和語氣告知事實，加強對於所處環境之人、事、時、地、物的現實導向指引。不要爭辯否定、直接批評或當面指正。

(7) 順著其認定的事情，進行引導及轉移。例如：心智障礙長者認定自己的東西被偷走，可以引導他們將其他東西好好收在個人的櫃子內。

(8) 對於有蒐集習慣的年長者，平時可隨時提供足夠的物資在其身邊，讓他安心、降低其不安全感；如無安全困擾，可適時協助略做整理即可，以免引發情緒不安與衝突。處理時，可適時轉移注意力或協助部分整理分類即可，不宜當面全面強行移除，以免引發衝突。

(9) 保持環境的熟悉感及穩定度、避免雜物堆放及移動，以降低不安全感和意外風險。

(10) 提供回顧生命的機會，可以提示「印象最深刻的事」、「覺得最高興的事」等。若有重複述說的情況要耐心傾聽與接納。

（二）落實心智障礙者生命教育

生命終會逝去，心智障礙長者除了要接受自己的老化，也要能理解親人最終會離開。機構服務中，教保員可以在心智障礙長者的日常單元活動中置入生命教育的概念，例如：借助動物、植物的生命週期來引導心智障礙者了解生命的消長。有了基本的生命觀念，在實際面臨自己重病或親人、室友等周遭人死亡時，較能夠理解發生了什麼事情，並且做心理準備。

1. 從生活中體驗生命教育

(1) 園藝活動：

①種植與觀察小麥草的生命過程。

②為死亡的花草進行祝福與埋葬儀式。

(2) 飼養動物：

　　①觀察小魚的成長歷程，幫助心智障礙長者了解並接受死亡。

　　②飼養貓、狗、兔子等寵物，惟寵物壽命通常有十數年，較無法直接了解死亡，但可以學習到生命體和照顧者的角色。

　　當心智障礙長者開始照顧動物、照顧花草的時候，也能體會從被照顧者轉化為照顧者的角色，可說是生命教育對心智障礙者的另一層意義。

2. 活動設計分享：生命的起落

單元名稱	生命的起落	具體 目標	1. 了解生命的歷程 2. 重新看待親人死亡的經驗 3. 接受及熟悉衰退到死亡的過程
時間	**活動內容**		
準備活動 （10 分鐘）	**一、準備活動** 依心智障礙長者能力挑選合適的活動。 1. 觀看照片，分別介紹植物、動物及人類的幼年到死亡的歷程：幼小盎然的兒童期；繁盛強壯的壯年期；逐漸凋落的老年期；以及回歸塵土的死亡期。 2. 說故事：利用繪本（如：《精采過一生》、《曾曾祖父 106 歲》）介紹人的一生要面對的衰老及死亡，引導心智障礙長者說出生活中接觸年長者的經驗。		
發展活動 （每方案各30 分鐘）	**二、發展活動** ◎方案一：認識生命起落 1. 看完動植物以及人類的生長歷程（圖 3-23、3-24），與心智障礙長者討論認為自己、家人或工作人員目前處於哪一個階段。		

時間	活動內容
	 圖 3-23　透過植物認識生命起落 圖 3-24　介紹植物的生長歷程

時間	活動內容
	2. 和心智障礙長者討論進入老年期時，可能會發生什麼（例如：眼睛退化看不清楚、雙腿走不動要坐輪椅、牙齒咬不動東西需要剪成碎食、比以前容易生病需要看醫生打針、生病不一定會好起來……）。 3. 工作人員展示數張關於象徵死亡的圖片（如墓地、告別式等），請心智障礙長者說出自己看到了什麼，並討論死亡後可能會去哪裡。 4. 邀請心智障礙長者回想與已逝親友或寵物相處的記憶、說出面對親友或寵物死亡時的感受，以及分享想念時如何調適情緒。 5. 播放輕柔音樂，然後將回憶以及想要送給對方的禮物畫出來（圖 3-25）。  圖 3-25　畫出要給對方的禮物 【教學建議及注意事項】 1. 為使心智障礙長者容易理解，建議以照片、圖片為主要的教學媒介。使用照片或繪本，建議可依心智障礙長者的程度，擷取其中關鍵的幾個畫面即可，以避免模糊焦點。 2. 建議以引導心智障礙長者發表自己的想法為主，而非工作人員單方面做許多說明。

時間	活動內容
	◎方案二：體驗照顧生命與尊重死亡 1. 發送給每個人一份塑膠空盒、浸濕的衛生紙、數顆紅豆或綠豆等豆類種子、奇異筆、姓名貼等。 2. 鼓勵心智障礙長者負責照顧屬於自己的豆子，每天澆一瓶蓋的水，觀察豆子的生長與變化。 3. 引導心智障礙長者在自己的空盒上，貼上自己的姓名，也可在空盒上進行美術創作。 4. 在照顧植物期間，可分階段引導心智障礙長者分享觀察到植物的變化，並畫出不同階段的樣子。 5. 當所種植物進入到生命階段末期時（枯乾），可與心智障礙長者討論他的植物生長到哪個階段，分享此時的心境（圖 3-26）。 6. 在心智障礙長者願意接受植物死亡的事實後，帶領心智障礙長者慎重進行埋葬及祝福儀式（圖 3-27）。 圖 3-26　與心智障礙長者討論他的植物生長階段及心情

時間	活動內容
	 圖 3-27　與心智障礙長者一同將死亡的植物埋葬 【教學建議及注意事項】 在每次教學時可選擇一種發展活動的方案，搭配合適的準備活動及綜合活動來進行。
綜合活動 （10分鐘）	**三、綜合活動** 1. 回顧《精采過一生》的繪本故事或動植物生長照片，引導心智障礙長者説出年老期可能的狀況，以及每個人最終將面臨的（死亡）。 2. 與心智障礙長者討論在目前的生活中，還可以為自己、為別人做的具體事情。例如：讓自己確實運動、按時服藥、適量飲食等，或是照顧動植物、關心同儕等。 【教學建議及注意事項】 此活動設計可反覆進行，直到長者們熟悉。整個活動設計結束後，可依單位的狀況衡量是否延續為照顧動物（圖 3-28），以延續心智障礙長者的照顧角色以及增加生活重心。

時間	活動內容
	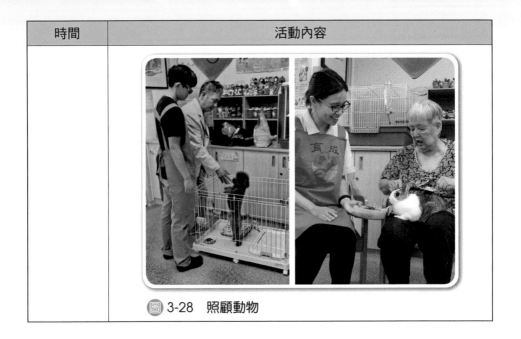 圖 3-28　照顧動物

（三）陪伴心智障礙者調適親人逝去的傷痛

　　心智障礙長者失去親人時，協助他度過悲傷期是非常重要的事情。然而，悲傷輔導是非常專業的工作，建議尋找熟悉心智障礙者的心理師一對一執行；如果沒有專業的輔導資源，經過訓練的教保員則可以嘗試用以下策略協助調適失落的情緒：

1. 鼓勵他說出自己的感受、想法，並同理及接納他的感受。
2. 引導其對著逝去親人的照片表達思念，透過繪畫表示祝福或建立回憶。
3. 尋覓長期訪視的志工資源、維持工作人員穩定和長期的關係，以彌補親人凋零的失落感。

4. 當遇有親人過世的情形，可與家人溝通讓心智障礙長者參與追思儀式，或可提供逝者照片（可多蒐集或拍攝其親人平日來訪時的照片），搭配心理輔導。

悲傷的五個階段（Kübler-Ross & Kessler, 2005）

1. 否認／隔離：震驚、不接受、不承認、不願意觸及失去的事實。
2. 憤怒：當無法繼續否認、欺騙自己後，開始將失去的無力與挫折，轉為怨天尤人，怪天怪地怪別人，甚至對自己生氣。
3. 討價還價：當憤怒過後，疲軟下來，開始出現「早知道……」、「要是……就好了」，在現實與期待之間拉扯的過程。
4. 沮喪：體認到失去的事實，討價還價也沒有用，於是痛苦正面襲來，無法逃避，而進入了脆弱、悲傷與沮喪。
5. 接受：度過了沮喪，體會到人生無常、生命仍要繼續，於是學會放下，重新建立眼前的生活。

哀悼的四項任務（Worden, 1982）

美國心理學家 William Worden 提出了哀悼的四項任務：

- 接受——失落的事實。
- 經驗——悲傷的痛苦。
- 重新適應——逝者不在的情境。
- 重新投注——將情緒的活力重新放在其他人事物。

（四）案例分享

1.以愛澆灌

人們常說「老小」，老人就像孩子，需要人特別的關心和照顧，但又不像小孩，因為他們有多年累積的生活習慣與個性，也需要更多的尊重。

在服務中，我們發現老憨兒在面對生活環境的驟變，常比一般心智障礙青年需要更多的調適。無論是親人驟逝、無法探訪或接送返家，總難免要經歷「他們是不是不要我了？」的失落感，甚至會競相獲得工作人員的關注。而陪伴這個調適過程的訣竅是：不匱乏的飲食物資供應及陪伴，提供負責的任務及表現的舞台，讓他們從被照顧者變成照顧者，從需求者成為被需要的人。

黃先生

黃先生長年協助兄長賣麵、獨自在外居住生活，50歲因退化無法獨居而入住機構時，每天望著窗外流眼淚，頻頻要求要打電話回家，還自己趁機從機構走回居住的區域。除此之外，黃先生會因焦慮、不安全感而大聲斥責同儕，甚至企圖動手打人，也會將中心的物資及同儕的東西藏在他覺得安全的地方，但又會忘記自己藏在哪裡而大發脾氣。

中心除了設立磁卡門禁以防走失之外，並以溫和堅定的態度與黃先生建立關係，每天陪他說說話；在他找不到東西大發脾氣時，順著他的認定，冷靜地分散或轉移其注意力；平日則提供充足的物資直接存放在他的櫃子和床下，並將個人日常生活用品貼上他的照片以劃定領域，每週陪他整理及清點他的東西。此外，每週也會帶他去市場逛逛、畫時鐘讓他知道什麼時間家人會打電話來。現在黃先生從匱乏、不安定的心理狀態慢慢轉為安心、認同這個家，除了偶有因為東西不見而焦慮發脾氣之外，還會主動分享家人何時會來探訪，並開心參與中心活動，甚至是幫忙提蔬果、幫忙同儕拿包包的好幫手！

陳先生

陳先生是現年 50 歲、雙眼視力退化且無口語表達的唐氏症長者，因為不理解自己為何變成看不清楚、退化，剛剛轉來機構時，每當無法順心時便持續大聲尖叫，掀桌子、掀沙發、掀輪椅、扯防火隔簾，還會破壞 60 吋大電視……

中心騰出空間提供一張專屬的沙發給他，教保員有空便會在沙發旁陪他說話。後來發現陳先生在卡拉 OK 時間聽到動感音樂便會開心地扭腰擺臀，因此提供一台專屬收音機收錄他喜歡的音樂。由於這樣的滿足，陳先生顯得更為安心；現在陳先生上午可安靜聽課程內容，下午再聽他喜歡的音樂。他不僅不再需要以行為來表現情緒，竟然還開始使用簡單的口語，提醒工作人員「（有）電話」、「（有訪客）開門」、「謝謝」呢。

2.生死教育與悲傷輔導

每一個人，都會經歷親友逐漸離世，甚至自己日漸退化、走向人生盡頭的時刻，年長的憨兒亦是如此。

張先生

張先生 55 歲進中心，現年 65 歲，很難接受父親因老邁而無法探視自己，也無法理解自己因退化而開始容易嗆到，對於自己的身體衰退採否認的態度。以往他會以催吐、抓破頭皮、輕撞頭部、要求擦藥、吐口水等方式引起關注、獲得醫療，並因催吐致胃食道逆流及消化道出血住院。

在經過反覆種植／埋葬的生命週期教育以及照顧寵物兔、寵物鼠之後，張先生除了明顯減少了傷害自己以獲得關注及醫療的行為，反而會主動照顧陪伴寵物，甚至還會主動提醒同儕「吃藥了沒？」。

林女士

56 歲的林女士雖然知道父親中風因此不能來探視自己，但仍會感到生氣，也很擔憂父親會像母親一樣過世，常會以身體不舒服、哭鬧、癱軟等方式引起關注。

教保員除了以繪畫及繪本進行生命教育，並以堅定溫和的態度與林女士建立關係。在平時提供每日心情分享的專屬時間，肯定她是值得被愛的、是可以做到的；肯定並鼓勵她可以讓自己心情變好、身

體感覺舒服;在林女士情緒不佳時則引導自我撫慰及轉換療育活動。現在林女士已經接受了父親衰老、不能來探視的事實,情緒也明顯比之前穩定,運動及活動的參與度也增加許多。

Chapter 4

營造心智障礙長者的安全生活

「我喜歡我住的房間，乾淨明亮，室友人也很好。」

「家人最近送我一個不鏽鋼水杯，可以裝溫水很好用，
我每天都喝很多水。」

「上次和朋友玩不小心撞到櫃子，好在邊角有泡棉包著，
所以沒有受傷。」

「中心打點好了一切，在這裡生活放心又自在。」

　　因心智障礙者壽命延長、提前老化以及身體功能退化，將面臨健康、疾病、體力下降等問題，使得身心障礙福利機構在生活空間、設施設備、安全管理及健康照護等服務面臨了挑戰。因此，如何聚焦心智障礙者的老化需求轉變，進而提供不同於以往的服務模式，將是日後身心障礙福利機構服務重點。

一、生活空間大小事

　　心智障礙長者適應環境的能力可能較常人低，他們年輕的時候也許可以透過自身的適應力或行為習慣的調整去適應環境，但當老化伴隨著肌力、感官以及認知能力開始退化，原本熟悉的樓梯、走道等環境開始出現磕磕碰碰的狀況，偏偏又無法透過自身的適應能力來調整，就會提高生活中受傷的風險。

　　為了協助心智障礙長者在老化的過程中仍然能夠在熟悉的機構環境生活，我們可以透過物質條件的改變，支持他們重新適應環境，以減少日常生活的不便。但需要注意的是，過多的保護措施會讓環境壓力減少太多，讓環境沒有刺激，也有可能會導致心智障礙長者變得無感、無趣以及過度依賴等，身心機能反而因此退化。

勝任模式

　　個人的勝任能力越高，所能承載的環境壓力也越大，意即個人能夠因應環境要求所做出的調適、回應或改變，所以當環境壓力大過個人可以調適的程度，就可能導致無助、挫折等適應不良的情形（Lawton & Nahemow, 1973）。

機構空間因應心智障礙長者的老化，需要留意和改善的地方有：

（一）燈光與布置

機構服務的空間規劃與布置以安心和舒適為方向，盡可能營造出居家溫暖的感覺，而光線是重要的關鍵。活動空間要足夠明亮，盡可能引進自然光源，並搭配燈具補充照明。燈具使用上要留意：

1. 純白色的桌面、全玻璃的空間、吊扇下容易有眩光，可以利用屏風、窗簾、燈罩以及移位等來解決眩光。
2. 白光優於黃光，白光明亮度夠，也方便照顧者觀察心智障礙長者的臉色、生命徵象。
3. 燈泡不要採用慢慢發亮的款式，最好是能瞬間發亮的。
4. 床側、通道、廁所可設置小夜燈，設定固定時間開啟或關閉，或使用感應式的燈泡，讓心智障礙長者夜晚起床如廁時，能迅速辨識環境，避免視線不佳而摔倒。
5. 廊道的照明宜明亮，照度應在 50 勒克斯（lux）以上，如能在 200 lux 以上更佳。
6. 應有緊急照明設施。

（二）大門出入口

1. 大門出入口宜規劃無障礙停車位，方便乘坐輪椅或使用助行器的心智障礙長者，下車後可以直接進入機構，或返家時可以直接上車（圖 4-1）。

2. 大門外宜有遮雨設施，並有淨寬和深度均不小於 150 公分的空間，方便人員和輪椅進出；兩側地面（120 公分內）應平整（不得有高差且坡度不得大於 1/50）、防滑且易於通行。

3. 大門不可設門檻，不得使用旋轉門或彈簧門，門扇若為整片玻璃，則須在距地板高 110～150 公分處設置標示，避免誤撞。

圖 4-1 大門出口宜規劃無障礙停車位

（三）活動區

1. 適當距離有可休憩的地方：活動區周邊可配置舒適、穩定和防碰撞設計的座椅，心智障礙長者可視活動參與情形短暫休憩，避免因長時間站立或行走而體力不支跌倒。機構內長廊或電梯內需要久站的場域，可適度擺放椅子，讓心智障礙長者稍作休息。

2. 牆壁和桌椅平滑無凸出物，動線明確且無放置雜物。

（四）睡眠區

1. 一般床的高度介於 40～45 公分之間，側面至少保留 120 公分的空間用作起身活動。如有特殊需求，床沿可增加護欄或調整床的高度（圖 4-2、圖 4-3），長期臥床者可選用手動升降床或電動升降床。

圖 4-2 床欄

圖 4-3 升降床調整高度

2. 移位機分為移動式及軌道式移位機兩種（圖4-4、圖4-5），移位機主要用於轉移位，即可抬起或移動心智障礙長者，讓照護者更加有效率。

圖 4-4　移動式移位機

圖 4-5　軌道式移位機

（五）水區

1. 地面使用防滑地磚，尤其是廚房、浴室等容易潮濕的地方，要特別使用地面濕滑時仍具有防滑作用的材質，避免心智障礙長者在浴室滑倒造成頭部撞擊、肌肉拉傷或骨骼挫傷等傷害。

2. 浴室進出口不可有高低差及門檻，而以截水溝設計取代（圖4-6），可避免心智障礙長者進出時絆倒，亦方便輪椅進出。

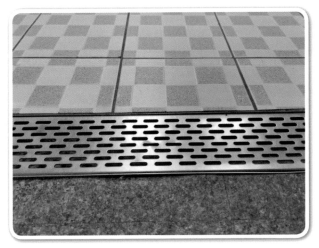

🔲 圖 4-6　截水溝

3. 浴室內淨空間要保留足夠的迴轉空間，淋浴間大於 150×80 公分。

4. 小便器以自動沖水控制設備為佳。

二、通用設計原則的落實

　　為兼顧不同年齡層和障礙程度心智障礙長者的需求，環境及設施設備的改善與調整可採普遍通用的設計原則（Mace, 1998）：

1. **平等使用**：任何人均可容易利用的無差別的設計。例如下方淨空的盥洗用洗面盆，讓輪椅使用者和站立者均可使用（圖 4-7）。

2. **彈性使用**：可依據個人能力，選擇使用方法，提供足夠的使用彈性。例如二合一的湯匙叉子，或可套到湯匙或叉子的握把，讓使用者依據食材自行彈性調整使用方式（圖 4-8）。

圖 4-8　可套到湯匙或叉子的加粗握把，讓抓握功能不佳者可依照食材或操作能力調整使用。

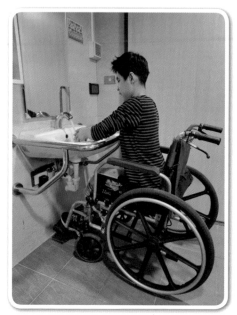

圖 4-7　洗面盆下方淨空，讓站立者或乘坐輪椅者均方便使用。

3. **簡易及直覺使用**：不論使用者的經驗、認知或語言能力，使用者憑
   直覺就可以了解使用方式的設計。例如直覺式不同性別或無障礙的
   廁所標誌（圖 4-9），可讓使用者直覺了解；按壓非警示色系按鈕
   可出水的使用方法，提供使用者簡潔指引訊息。

🔲 4-9　無障礙的廁所標誌

4. **明顯的資訊**：考慮個別不同的感官能力，有效提供正確、必須且
   易懂資訊的設計。例如緊急逃生系統需提供聽覺和視覺訊息（圖
   4-10），且閃光設計避免過於刺激而導致光敏感性癲癇發作。

🔲 4-10　緊急逃生系統同時具備聽覺和視覺訊息，方
便不同訊息需求者的接收（此逃生方向朝左）。

5. **容許錯誤**：將危險、意外，或不經意動作導致的不利後果降至最低，誤用也不致引起危險或損壞的設計。例如具有熱水安全鎖設計的飲水機，避免誤按熱水鍵造成燙傷的風險（圖 4-11）。

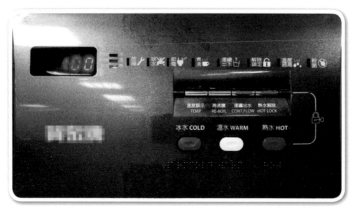

圖 4-11　按壓式出水且以顏色區分水溫，便利直覺使用，並有熱水安全鎖設計避免誤按造成危險。

對於原本設計上無法容許錯誤的物品，則可以自行賦予「容許錯誤」的設計，例如：有直角的地方或容易碰撞的地方，可加裝防撞貼條（圖 4-12），避免心智障礙長者因不慎撞傷而受到嚴重的傷害。

圖 4-12　尖角處以防撞條包覆。

6. **省力**：可有效、舒適和不費力使用的設計。例如洗面盆採用感應式
或撥桿式水龍頭，不費力即可輕鬆清潔（圖 4-13）。

圖 4-13 左圖為撥桿式水龍頭，右圖為感應式水龍頭，便利手部
動作功能不佳或操作概念不足者使用。

門鎖應設置於距地板面 70～100 公
分之範圍，並採用容易操作的型
式。對於缺乏手握力的心智障礙長
者，喇叭鎖或扭轉型式之門鎖難以
抓握與轉開，應避免設置。此外，
為避免心智障礙長者無法自己解鎖
或發生緊急狀況，應選擇外部可解
鎖的鎖頭（圖 4-14）。

圖 4-14 服務單位內可使用的
門鎖種類。

7. 適宜使用的尺寸和空間：不論體型、姿勢或移動能力等，應提供適當大小和空間足以操作的設計。例如衣櫃使用升降式掛衣桿，讓站立或輪椅使用者可依不同高度自行取放衣物（圖 4-15）。

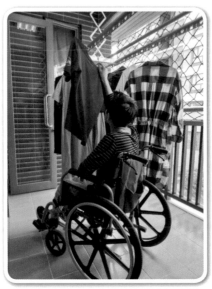

圖 4-15 升降式或雙層式曬衣架，讓輪椅使用者和站立者可依自身適宜高度使用。

三、機構環境安全管理

（一）藥品安全管理

1. 藥品存放於心智障礙長者之專屬藥櫃，內服藥與外用藥分開存放，並將藥櫃上鎖，以防止藥物濫用之意外。

2. 藥品外包裝（藥袋、藥罐）需保留至藥物服用完畢並清楚標示心智

障礙長者姓名、藥名、劑量、用藥時間及給藥途徑，且應填寫給藥
紀錄。

3. 急救箱放置於機構護理室及夜間值班室，箱內物品定期每月檢查並
留有紀錄，用完或過期應補充或更換。

4. 藥品應避免分裝至無法辨識或沒有任何標示的空瓶，以免誤食。

（二）清潔劑安全管理

1. 一般清潔用品（漂白水、洗潔精等）應存放於心智障礙長者無法拿
到的地方，且清潔用品不得與食材共同放置。

2. 分裝的清潔劑必須於外瓶貼上清楚、正確的名稱。如使用補充包，
應盡可能使用原瓶罐，避免分裝至無法辨識或標示的瓶子，以避免
誤食或誤用。

3. 嚴禁使用鹽酸。

4. 機構內應避免使用樟腦丸，以免引發葡萄糖六磷酸鹽脫氫酶缺乏症
（又名 G6PD 缺乏症，俗稱蠶豆症）。

5. 如需使用任何滅鼠、殺蟲藥劑，應置放於心智障礙長者無法觸及的
高處。

（三）空間安全管理

1. 家具、門窗、浴室廁所水箱、電燈隨時檢查，有損毀時，應立即派
員維修或改善。

2. 熱水器須先控制至合適溫度。當協助心智障礙長者沐浴時，應先接
冷水後接熱水於桶內，使用中並注意安全。使用淋浴水龍頭時，工

作人員應確認並測試水溫，才能讓心智障礙長者使用。

3. 走道、通路、出口、消防設備處應保持暢通，無障礙物。

4. 地板保持清潔乾燥，並注意防滑。

5. 所有空間需注意設備材質，且具有防撞、止滑之安全設計。

6. 地板應保持乾燥以防心智障礙長者跌倒或撞傷。

7. 對不明聲音及大的聲響須立即了解並處理，以防意外事件發生。

（四）危險物品管理

1. 危險物品包括：各式刀具（如水果刀、刀片、刨刀、剪刀、美工刀、瑞士刀等）、尖銳物（如起子、針、別針等），及火柴、打火機、珠子、玻璃、陶瓷製品（如水杯、無邊框的鏡子等）。

2. 機構工作人員個人用品及心智障礙長者個人用品，請避免使用上述危險物品，例如避免使用玻璃杯、陶瓷杯的材質用品來喝水、刷牙或插花。

3. 廚房內刀具應使用完點收並收納上鎖，工作人員可能會在值班時自行攜帶水果刀來削水果，此舉也可能增加環境空間的風險。

四、感染管制

感染管制的目的在於預防接受長期照顧的心智障礙長者受感染，一旦有心智障礙長者發生感染時，為了避免交互感染、及早發現群聚事件，故而採取防護措施，透過傳染病衛教指導、防疫措施及有效的管理、監測、降低及控制傳染病的發生率，以保障心智障礙長者、工作人

員、家屬、志工和一般民眾的健康與安全。

　　機構應依據衛生福利部疾病管制署公布相關「人口密集機構感染管制措施指引」、「長期照護機構感染管制措施指引」、「長期照護矯正機關（構）與場所執行感染管制措施及查核辦法」，進行人員、器材及物品管理，制定環境設施、清潔消毒措施，依規定辦理傳染病監視通報及疑似群聚感染事件之處理，並定期修正機構感染管制政策。

　　一般常見照護注意事項提醒如下：

1. 工作人員勤洗手，確實遵守洗手五時機，手部有明顯髒汙時，應以洗手皂和清水洗手；若手部無明顯髒汙時，可優先使用酒精性乾洗手液執行手部衛生。

洗手五時機

　　遵照世界衛生組織（WHO）提出的洗手五時機，洗手五時機為：於「接觸服務對象**前**」、「執行清潔／無菌操作技術**前**」、「接觸服務對象血液、體液**後**」、「接觸服務對象**後**」以及「接觸服務對象周遭環境**後**」正確洗手，就能有效降低機構內疾病感染的風險。

（資料來源：衛生福利部疾病管制局，2009）

2. 工作人員除廚師外不能進廚房，且嚴禁於廚房內用餐，避免接觸有傳染疾病的心智障礙長者後汙染飲食。
3. 杯子勿倒扣在瀝水籃中，避免杯口沾染水漬而發生交互感染。
4. 當有心智障礙長者感冒時，建議使用一次性餐具；若無法使用一次性餐具，其使用過的杯、碗、餐盤、筷子等器具不入廚房，以漂白水消毒過再清洗，進行單獨（隔離）消毒。

5. 如罹患傳染病癒後，建議更換牙刷，餐具須確實消毒再使用。

6. 消毒物品器具前須以清水清洗，以清除物品表面的有機物。

消毒的正確方式

紫外線消毒要直接照射才有其效用，如杯、碗等欲消毒器具需朝上放入消毒鍋內，才有紫外線消毒效果。以加熱法餐具消毒要 110°C、30 分鐘才有消毒效果（圖 4-16）。

圖 4-16　單獨（隔離）消毒

7. 清潔順序必須由輕汙染區到重汙染區，例如床旁桌椅→床→廁所，由上而下，由內而外。

8. 中心工作人員每日圍裙採用不同的樣式或顏色做區別，避免連續使用（圖 4-17）。

9. 當心智障礙長者有一人感染時：

(1) 要做疫情調查，盡快找出感染源及密切接觸者，並將所有器材消毒。

(2) 依據傳染途徑進行隔離措施，正確穿戴防護用具、隔離衣、手套。

星期一、三、五	星期二、四、六	星期日
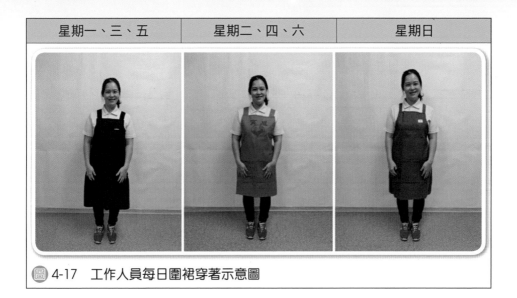		

圖 4-17　工作人員每日圍裙穿著示意圖

(3) 由固定工作人員照顧受感染者，安排其單獨使用浴廁、洗臉台。

(4) 受感染心智障礙長者使用免洗餐具，或是餐具分開清洗消毒且勿入廚房。若機構內出現群聚感染事件，感染管控時間內統一使用一次性餐具，避免交叉反覆感染。

10. 當心智障礙長者發生群聚感染時：

(1) 做疫情調查，找出感染源及密切接觸者。

(2) 提升症狀篩檢次數，及早發現新增個案。

(3) 增加環境清潔消毒次數。

(4) 依據傳染途徑進行隔離措施，正確穿戴防護用具。

(5) 分區分級照護，工作人員分組並固定服務區域。

(6) 感染管制時間內使用一次性餐具，避免交叉反覆感染。

(7) 添購防疫物資與環境清潔消毒用品。

陪伴心智障礙長者和家人面對生命議題

「今天用圖文簡報學習什麼是 DNR，還沒有很懂。
但工作人員說沒關係這很難但很重要，下次會再教，
每多聽一次就多懂一些。」
「因為爸爸住院了，這陣子都是妹妹來機構看我。
中心有養魚所以我明白生老病死，我會堅強不讓家人擔心。」

當生命慢慢走入後期時，心智障礙長者最迫切需要的服務，除了醫療上的服務，往往就是後續家庭與手足的支持。

在醫療服務方面，心智障礙長者與一般人相同，也有權利被告知他的醫療治療內容與程序，以保障其能自主選擇及決定想要的醫療照護服務。而在家庭與手足的支持方面，如何減輕雙老家庭面對老化後所產生的壓力與需求，亦是老化服務不可或缺的重要課題之一。

一、醫療準備

隨著機構心智障礙者的年老和衰退，勢必會面臨越來越多的醫療需求，尤其是遇到危急狀況需要做重大決定時，卻不知心智障礙長者本人的意願，而無法遵循其個人自主做決定的權利。因此，建議可鼓勵二十歲以上未受監護宣告的心智障礙長者與家屬／法定監護人及早討論，依《病人自主權利法》預立醫療決定書（advance decision, AD）或依《安寧緩和醫療條例》簽署拒絕心肺復甦術（do not resuscitate, DNR），以保障心智障礙長者能自主選擇及決定自己生命將盡時的醫療照護，並避免可能的醫療糾紛（圖 5-1）。

（一）預立醫療決定書（AD）

平時可先以圖片及影片，幫助心智障礙長者理解醫療決定相關概念，為將來與家屬一同接受預立醫療照護諮商及簽署預做準備：

1. 幫助心智障礙長者認識什麼是「預立醫療決定書」：「預立醫療決定書」是一份事前表達醫療選擇意願的文件。可以預先表達「希

財團法人育成社會福利基金會

服務對象安寧療護流程圖

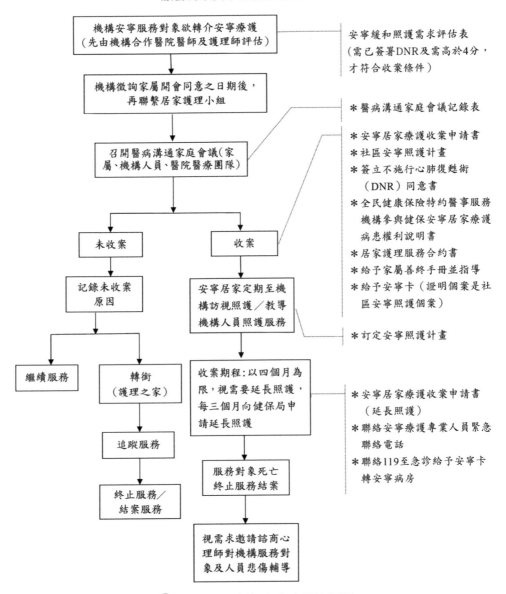

機構安寧服務對象欲轉介安寧療護
（先由機構合作醫院醫師及護理師評估）

安寧緩和照護需求評估表
（需已簽署DNR及需高於4分，
才符合收案條件）

機構徵詢家屬開會同意之日期後，
再聯繫居家護理小組

＊醫病溝通家庭會議記錄表

召開醫病溝通家庭會議（家
屬、機構人員、醫院醫療團隊）

＊安寧居家療護收案申請書
＊社區安寧照護計畫
＊簽立不施行心肺復甦術
　（DNR）同意書
＊全民健康保險特約醫事服務
　機構參與健保安寧居家療護
　病患權利說明書
＊居家護理服務合約書
＊給予家屬善終手冊並指導
＊給予安寧卡（證明個案是社
　區安寧照護個案）

未收案

收案

記錄未收案
原因

安寧居家定期至機
構訪視照護／教導
機構人員照護服務

＊訂定安寧照護計畫

繼續服務

轉銜
（護理之家）

收案期程：以四個月為
限，視需要延長照護，
每三個月向健保局申
請延長照護

＊安寧居家療護收案申請書
　（延長照護）
＊聯絡安寧療護專業人員緊急
　聯絡電話
＊聯絡119至急診給予安寧卡
　轉安寧病房

追蹤服務

服務對象死亡
終止服務結案

終止服務／
結案服務

視需求邀請諮商心
理師對機構服務對
象及人員悲傷輔導

圖 5-1　服務對象安寧療護流程圖

望」或「不希望」接受無治療效果的醫療措施或人工營養及流體餵養。不但可以保障未來的權利，同時是一份法定正式書面文件（臺北市立聯合醫院，2020a）。

2. 幫助心智障礙長者了解何謂「特定臨床條件」以及可能的生活處境：「特定臨床條件」指的是五種無法治癒／挽回的狀況，包括 (1) 末期病人；(2) 不可逆轉的昏迷；(3) 永久植物人；(4) 極重度失智；(5) 其他難以承受／無法治癒的疾病。

3. 幫助心智障礙長者認識什麼是「無治療效果的醫療措施」以及可能的副作用：無治療效果的醫療措施是指只能延長瀕死過程的醫療措施，包括心肺復甦術（常見的如氣管內插管、體外心臟按壓、急救藥物注射、心臟電擊等）、機械式維生系統（用機器暫時幫助重要器官維持運作，如以插管或氣切來暫時幫助呼吸等）、輸血、注射抗生素、特定疾病的治療（例如洗腎、化療等）。

4. 幫助心智障礙長者認識什麼是「人工營養及流體餵養」，以及可能的副作用：人工營養及流體餵養就是在身體插管子或打針來灌進營養和水分，例如打營養針、插鼻胃管（把管子從鼻子插到胃裡）、做胃造口（在腹壁上打洞插管子到胃裡），將食物和水直接送到胃裡（臺北市立聯合醫院，2020b）。

5. 與心智障礙長者討論及選擇重病時想不想知道自己是否已經無法治癒，以及在五種無法治癒的狀況下，想不想要接受「無治療效果的醫療措施」或「人工營養及流體餵養」。

6. 「預立醫療決定書」簽署及啟動的步驟：

(1) 預立醫療照護諮商：

心智障礙長者本人與核可之醫療機構的預立醫療照護諮商團隊、至少一位二親等內家屬或其他關係人（如：醫療委任代理人）進行溝通討論的過程。商討當本人處於特定臨床條件、意識昏迷或無法清楚表達意願時，應提供之適當照護方式，以本人得接受或拒絕之維持生命治療、人工營養及流體餵養。

(2) 簽妥預立醫療決定書：

依據衛生福利部公告法定格式內容，預先填寫個人資料，並勾選在符合特定臨床條件的情況下，接受或拒絕無治療效果的醫療措施、人工營養及流體餵養的正式書面文件。需有具完全行為能力者二人以上在場見證，並在意願書上簽名。醫院會協助掃描上傳預立醫療決定書，並註記至健保卡。

(3) 「預立醫療決定」之啟動十分嚴謹，必須經過二位相關專科醫師、至少二次緩和醫療團隊照會評估是否符合條件，需在符合「五種特定臨床條件」下才會啟動與執行；在此之前，醫療團隊仍依醫療常規進行必要之急救措施。可參考臺北市立聯合醫院發行的《我的預立醫療決定 —— 心願探索手冊》（可於tpech.gov.taipei/Default.aspx 搜尋下載電子檔）。

（二）拒絕心肺復甦術（DNR）

1. 幫助心智障礙長者決定，如果仍免不了死亡，是否要接受「維持生命治療」或「心肺復甦術」。

2. 幫助心智障礙長者了解何謂「緩和醫療」，並決定如果仍免不了死亡，要不要接受緩和醫療讓自己安舒一點，平靜抵達人生的終站。

3. DNR 意願書簽署及啟動的步驟：

(1) 由意願人（也就是心智障礙長者本人）簽署意願書，需有具完
全行為能力者二人以上在場見證並在意願書上簽名。將意願書
交給醫院，再提供健保卡就可以註記。

(2) 當意識昏迷或無法清楚表達意願時，可由最近親屬出具同意書
代替，親屬簽署順位依《民法》規定。

(3) 只有當病人符合「由二位醫師診斷確為末期病人」（二位醫師
應具有相關專科醫師資格），且「病程進展至臨終、瀕死或無
生命徵象」時，醫護人員可以根據病人意願不施行心肺復甦術
（圖 5-2）。

《安寧緩和醫療條例》與
《病人自主權利法》的差異？

	預立安寧緩和醫療暨維生醫療抉擇意願書 (俗稱：意願書、DNR)	預立醫療決定書 (簡稱決定書、AD、Advance decision)
法源不同	安寧緩和醫療條例 2000年上路	病人自主權利法 2019年上路
適用疾病不同	只限「**末期病人**」	1.末期病人　2.不可逆轉之昏迷 3.永久植物人　4.極重度失智 5.其他經中央政府(衛福部)公告之疾病
拒絕的醫療範圍不同	1.「心肺復甦術(CPR)」 2.延長瀕死過程的「維生醫療」 3.接受/拒絕「緩和醫療」	1.維持生命治療 2.人工營養及流體餵養(點滴、鼻胃管、胃造口) (緩和醫療在此法為必要提供)
保障程序不同	1.意願人簽署「意願書」便生效 2.病人失去意識時，可由最近親屬簽具「同意書」	1.參加「預立醫療照護諮商」 2.簽署「預立醫療決定書」且註記至健保卡 3.可指定「醫療委任代理人」

(感謝孫效智教授/病人自主研究中心提供，臺北市立聯合醫院整理)

圖 5-2 《安寧緩和醫療條例》與《病人自主權利法》的差異
（資料來源：臺北市立聯合醫院，2020a）

（三）安寧居家療護

　　只要符合「安寧居家療護」收案條件的末期症狀病人，都是安寧居家療護服務的對象，所以不管病患是住在護理之家或安養機構皆可以提出申請，並不限定個案的居住場所。安寧居家療護的相關資訊整理如下（參考自衛生福利部中央健保署「安寧居家支付標準，2015）：

1. 收案條件

(1) 符合《安寧緩和醫療條例》得接受安寧緩和醫療照護之末期病人（必要條件）。

(2) 癌症末期病患：

　①確定病患對各種治癒性治療效果不佳（必要條件）。

　②居家照護無法提供進一步之症狀改善而轉介時。

　③病情急劇轉變造成病人極大不適時，如高血鈣、脊髓壓迫、急性疼痛、嚴重呼吸困難、惡性腸阻塞、出血、腫瘤（塊）潰瘍、嚴重嘔吐、發燒疑似感染、癲癇發作、急性譫妄、急性精神壓力。

(3) 末期運動神經元病患：

　①末期運動神經元患者，不接受呼吸器處理，主要症狀有直接相關或間接相關症狀者。

　　a. 直接相關症狀：如虛弱及萎縮、肌肉痙攣、吞嚥困難、呼吸困難。

　　b. 間接相關症狀：如睡眠障礙、便祕、流口水、心理或靈性

困擾、分泌物及黏稠物、低效型通氣不足、疼痛。

②末期運動神經元患者，雖使用呼吸器，但已呈現瀕臨死亡徵象者。

(4) 主要診斷為下列疾病，且已進入末期狀態者，包括有：

①老年期及初老期器質性精神病態。

②其他腦變質。

③心臟衰竭。

④慢性氣道阻塞，他處未歸類者。

⑤肺部其他疾病。

⑥慢性肝病及肝硬化。

⑦急性腎衰竭，未明示者。

⑧慢性腎衰竭及腎衰竭，未明示者。

(5) 經醫師診斷或轉介之末期狀態病患，其病情不需住院治療，但仍需安寧居家療護者。

(6) 病人之自我照顧能力及活動狀況需符合「美國東岸癌症臨床研究合作組織評估量表」（ECOG scale）2 級以上。

2. 服務項目

(1) 訪視、一般診療與處置。

(2) 末期狀態病患及其家屬心理、社會及靈性等方面問題之照護。

3. 收案及核備程序

(1) 收案對象需經院所甲類安寧居家療護小組專責醫師評估或乙類

醫師評估，開立「安寧居家療護收案申請書」，始得申請收案；醫療機構或護理機構應擬定完整居家照護計畫。

(2) 醫療機構或護理機構受理申請後，會進行書面審查，符合收案條件者，將約定安排訪視時間；若不符合收案條件，則會被拒絕收案。

（四）身心障礙機構執行安寧居家療護之經驗

1. 第一階段：辦理講座

為讓心智障礙長者、家屬及機構工作人員認識安寧居家療護，辦理講座邀請醫師至機構解說安寧居家療護相關資訊（圖 5-3）。

圖 5-3　家醫科醫師至機構解說安寧療護

2. 第二階段：個別說明

　　機構邀請醫師向心智障礙者本人及家屬說明「預立安寧緩和醫療暨維生醫療抉擇意願書」之內容（圖 5-4）。

圖 5-4　說明「預立安寧緩和醫療暨維生醫療抉擇意願書」

3. 第三階段：簽立意願書

　　協助心智障礙者及家屬簽署「預立安寧緩和醫療暨維生醫療抉擇意願書」（圖 5-5）。

預立安寧緩和醫療暨維生醫療抉擇意願書（參考範例）

本人＿＿＿＿＿＿＿＿＿(簽　名)若罹患嚴重傷病，經醫師診斷認為不可治癒，且有醫學上之證據，近期內病程進行至死亡已屬不可避免時，特依安寧緩和醫療條例第四條、第五條及第七條第一項第二款所賦予之權利，作以下之抉擇：**(請勾選 ■)**

☐接受　安寧緩和醫療（指為減輕或免除末期病人之生理、心理及靈性痛苦，施予緩解性、支持性之醫療照護，以增進其生活品質）

☐接受　不施行心肺復甦術（指對臨終、瀕死或無生命徵象之病人，不施予氣管內插管、體外心臟按壓、急救藥物注射、心臟電擊、心臟人工調頻、人工呼吸等標準急救程序或其他緊急救治行為）

☐接受　不施行維生醫療（指末期病人不施行用以維持生命徵象及延長其瀕死過程的醫療措施）

☐同意　將上述意願加註於本人之全民健保憑證(健保 IC 卡)內

簽署人：(簽　名)　　　　　　　　　　國民身分證統一編號：

住（居）所：　　　　　　　　　　　　　　　電話：

☐是　☐否　年滿二十歲（簽署人如未年滿二十歲，本意願書則視同安寧緩和醫療條例第四條第一項之規定，立意願書選擇安寧緩和醫療或作維生醫療抉擇）

出生年月日：中華民國＿＿＿＿＿年＿＿＿＿月＿＿＿＿日

在場見證人（一）：(簽　名)　　　　　　國民身分證統一編號：

住（居）所：　　　　　　　　　　　　　　　電話：

出生年月日：中華民國＿＿＿＿＿年＿＿＿＿月＿＿＿＿日

在場見證人（二）：(簽　名)　　　　　　國民身分證統一編號：

住（居）所：　　　　　　　　　　　　　　　電話：

出生年月日：中華民國＿＿＿＿＿年＿＿＿＿月＿＿＿＿日

依據安寧緩和醫療條例第四條之規定，疾病末期之病人簽署意願書，應有具完全行為能力者二人以上在場見證，但實施安寧緩和醫療及執行意願人維生醫療抉擇之醫療機構所屬人員不得為見證人。

法定代理人：(簽署人未成年方須填寫)

簽　名：　　　　　　　　　　　　　　國民身分證統一編號：

住（居）所：　　　　　　　　　　　　　　　電話：

出生年月日：中華民國＿＿＿＿＿年＿＿＿＿月＿＿＿＿日

依據安寧緩和醫療條例第七條第一項第二款之規定，未成年人簽署意願書時，應得其法定代理人之同意。

醫療委任代理人：(簽署人為醫療委任代理人方須填寫並應檢附醫療委任代理人委任書)

簽　名：　　　　　　　　　　　　　　國民身分證統一編號：

住（居）所：　　　　　　　　　　　　　　　電話：

出生年月日：中華民國＿＿＿＿＿年＿＿＿＿月＿＿＿＿日

依據安寧緩和醫療條例第五條之規定，意願人得預立醫療委任代理人，並以書面載明委任意旨，於其無法表達意願時，由代理人代為簽署。

中　華　民　國＿＿＿＿＿年＿＿＿＿月＿＿＿＿日（必填）

圖 5-5　預立安寧緩和醫療暨維生醫療抉擇意願書
（資料來源：衛生福利部醫事司，2018）

4. 第四階段：執行安寧居家療護

簽署完成後，執行程序如下：

(1) 轉介安寧居家療護需求評估

有安寧居家療護需求的心智障礙長者，由機構轉介合作醫院之安寧居家療護小組進行需求評估，如心智障礙長者符合收案條件，且本人或家屬同意接受安寧療護時，再預約家屬與療護小組召開「醫病溝通家庭會議」。

(2) 召開醫病溝通家庭會議

心智障礙長者接受安寧療護前，邀請家屬至機構與主管、護理師、社工員及醫院安寧居家療護小組共同參與「醫病溝通家庭會議」。會中由醫師進行病情簡述及提供照護計畫說明，如定期更換管路預防感染、評估營養及活動情形，以及鼻胃管是否要放置等。小組提供善終手冊及善終指導，會議中本人／家屬可以提出困難及要求，再經小組與本人／家長溝通討論後，做出最後結論。

這是個非常重要的階段，可能會依需要召開多次溝通會議，討論的事項包括障礙長者最後的心願、遺囑及財產處理、身後的安葬形式等，專業人員要能陪伴心智障礙長者與家屬一起走過這一段。

(3) 啟動機構安寧居家療護

安寧居家療護小組收案後，對於臨終的心智障礙長者透過專業醫療團隊的照護，結合醫師、護理師、營養師、治療師等人

力，提供完整且舒適的醫療照顧，使心智障礙長者在生命的最
後階段能減輕因疾病所產生的身體與心靈的痛苦，使生活品質
能夠提升且可以走得有尊嚴。在臨終前也讓心智障礙長者好好
地與家屬進行四道人生（道歉、道愛、道謝與道別），機構人
員也要向心智障礙長者好好道別。

(4) 悲傷輔導

心智障礙長者過世後，機構人員參與告別式，也持續透過電話
或通訊軟體關心支持家屬，共同走過生命中艱辛的死蔭幽谷。
機構可視需要邀請諮商心理師，針對工作人員及心智障礙長者
同儕提供悲傷輔導（圖 5-6）。

圖 5-6　心理師針對工作人員提供悲傷輔導

二、家庭與手足支持

（一）雙老家庭服務策略

　　智能障礙者隨著年歲增長老化，作為主要照顧者的父母也逐漸年邁，家庭裡的其他家人（例如：其他子女）也各自成家立業，家庭裡可能只剩下心智障礙長者和年邁父母的組合，父母在照顧工作上開始力有未逮，進而影響到生活品質。身心障礙福利服務機構應提供專業服務，支持雙老家庭面對家庭組成的變動、生活方式的變遷，以及健康和醫療的準備，找回安穩生活才能樂活老化。具體服務策略包括：

1. 因應心智障礙長者功能退化，機構應依照心智障礙長者的移行和安全需求，提出輔具評估及返家時居住安全相關資訊。
2. 隨著心智障礙長者的老化，家人的照顧負荷逐漸增加，機構可提供臨時及短期照顧服務或長期照顧服務之相關資訊，供家屬於必要時運用。
3. 機構可協助心智障礙長者使用通訊軟體和家人視訊以維繫情感。
4. 遇有家人生病住院或接受安養／照護服務時，可協助心智障礙長者聯繫家人或前往探訪。
5. 依個別家庭財務管理之需求，提供財產信託、監護或輔助宣告制度等相關資訊。
6. 支持心智障礙長者的家人提早面對老化、生病，以及死亡的過程，並了解其家人對急救與安寧的想法，提醒家人準備有關預立醫療決

定的相關事宜。

（二）手足接手照顧者的支持策略

因應高齡社會的到來，許多心智障礙者的父母雖然健在，但扮演主要照顧者角色的功能隨著年齡逐漸降低；也因此，心智障礙長者的手足（以下簡稱手足）在家庭支持網絡中的角色之重要性日益提升。

然而，除了完全接替父母成為主要照顧者的手足之外，現在的家庭支持工作中往往忽略了其他尚未接手照顧的手足。這原因可能出自父母的保護心理導致不想將照顧的重擔交付給其他子女、手足自身成長中的負面經驗（例如：父母將過多的關注放在障礙手足、曾被鄰居朋友投以異樣歧視的眼光）、外地求學或結婚後導致與家庭聯繫減少，或是機構過去提供服務時僅與父母互動的既定模式等。手足的重要性不在於他必然要承擔和接手照顧責任，而是（通常）他會是陪伴身心障礙者最久（甚至超過父母）且具有血緣關係的人，對於心智障礙長者來說是生命中無可取代的重要他人。

因此，從事身心障礙相關的專業服務人員必須對手足角色有基本的認識（可參考育成社會福利基金會官網之手足專區，網址 https://ycswf.org.tw/【心智障礙者手足議題專區】歡迎下載）。以下分享一些身心障礙福利服務單位針對手足角色可以在家庭支持上著力的策略：

1. 機構服務的聯繫窗口仍是家長為主，不會特別要求手足參與，但在和家長的互動中逐步增加談論到手足的頻率，並將機構服務資訊適度地傳遞給手足知道。

(1) 手足和機構的初次連結，經常始於代替父母接送心智障礙長者往返機構和家庭，服務人員應把握和手足見面的機會，寒暄建立關係，並直接請手足留下聯絡方式，會比向家長取得更容易，且較為尊重手足。

(2) 和父母聯繫的時候，主動探問手足近況，以及心智障礙長者和手足最近相處的情形，讓父母熟悉和機構互動中，不只有親子之間的關係，而是涵蓋心智障礙長者的人際關係與生活圈。

(3) 機構辦理活動的邀請對象，除了父母之外，亦邀請手足參加。因為活動報名表通常只會傳到父母手上，父母基於不打擾的心態通常不會詢問手足參加的意願。可在報名表上特別設計手足出席的勾選欄位，提示手足參加的重要性。

(4) 有些機構會經營 facebook 等社群媒體，定期分享機構生活動態，可使用軟性語言（例如：幫忙衝個人氣等）邀請手足加入關注這些訊息，偶爾發布部分手足參加機構活動的照片或心得邀稿，從而引起其他手足們的注意。

2. 因應各家庭的條件，於適當時機提升手足參與程度及探視頻率，讓家長了解事先與全家人討論心智障礙長者的照顧安排是很重要的。

(1) 當家長提到老化相關現象和議題，順勢提醒要提早做未來規劃，並引用分享一些因未事先做規劃而產生問題的案例，探問家長對手足之間關係的想法。

(2) 透過特殊安排的活動設計，例如「給父母親的禮物——快樂假期」，邀請手足代理父母的角色擔任心智障礙長者的照顧者，體驗父母辛勞的同時給予父母適當的喘息，也思考自己未來是

否有能力和意願從代理過渡到正式接手。

(3) 蒐集手足支持團體或手足議題講座的資源提供手足使用，並針
對有急迫需求的手足，引進或推薦專業資源予以協助。

3. 當家長日漸年邁或罹患重病，可開始協助案家討論規劃照顧工作
（圖 5-7）。

(1) 依據家長想法，如果同意手足參與，機構可和家長共同邀請手
足逐步和適度地參與；如果不同意手足參與，則與家長沙盤推
演各種後續狀況，並討論因應方式。必要時以活動計畫的形式
提供協助。

(2) 有兩位以上的手足對接手照顧工作有爭議和疑慮時，協助父母
以適當的方式釐清手足之間的分工。

4. 當家長過世，依照案家（家長及手足）的既定規劃做服務調整。

圖 5-7　適時和案家討論規劃照顧工作

(1) 親人的過世對心智障礙長者和手足都是非常沉重的事情，除了為心智障礙長者啟動悲傷輔導之外，依照家庭和手足需求提供相關協助和資源連結，並和家屬商議讓心智障礙長者出席親人告別式，與親人道別。

(2) 依照機構和家長的規劃，由商議的人員接手照顧者的角色，機構服務人員須敏銳觀察和評估手足接手照顧的能力，並尊重手足投入的程度和意願，共同討論服務的異動。

(3) 因應手足接手照顧責任後所引發的壓力，提供紓解的管道和資源。

5. 若家長因意外或疾病過世而來不及安排，機構可照顧心智障礙長者，不造成手足壓力，讓手足有準備時間，再做後續安置或服務討論。

(1) 如果家長在世時未曾和手足討論過照顧議題，可先探問手足的想法，說明機構可提供的服務以及家屬需要配合的事項，讓手足在有充足的資訊下做出決定。

(2) 如有兩位以上的手足，機構宜建議手足們討論分工。

結語

　　國內身心障礙機構普遍面臨了心智障礙者老化照顧及服務需求轉變的問題，同時也面臨轉介到護理之家或老人機構銜接上的困難。因此，機構需要因應心智障礙者老化進而調整設施設備及服務內涵。

　　這本《安心養老：心智障礙者老化服務手冊》即是因應心智障礙者面臨老化的轉變而生，透過本手冊可提供實務工作者如何以輕鬆安全的方式提供優質服務，是相當具有實務及技術性指引的工具書。

　　為讓機構管理人員及專業服務人員更容易掌握機構面對心智障礙者老化的重點與運作的要領，手冊著重於實務經驗，從一開始的「老化評估」、「照顧要訣」、「樂活老化」、「環境設施建置」以及心智障礙長者面臨人生最後階段的「生命議題」，皆採用了圖文並陳的方式呈現，對於機構管理人員及專業服務人員而言，相信在理論架構或專業實務運用方面皆能提供不少支持與發想。

　　最後期望能藉由此書的出版，達到拋磚引玉的效果，進而支持更多人一起投入老化服務、管理與研究領域，藉由建構老化服務配套措施及更友善的服務模式，讓專業服務人員能安心提供服務，讓心智障礙長者能安心養老。

參考文獻

林歐貴英、郭鐘隆（譯）（2003）。社會老人學（原作者：N. R. Hooyman & H. A. Kiyak）。臺北市：五南圖書公司。

邱亨嘉（總校閱）（2002）。台灣版 MDS 2.1 機構照護評估工具使用手冊。臺北市：國家衛生研究院。

洪立維（2017）。認識骨質疏鬆。臺大醫院健康電子報，117。取自 https://epaper.ntuh.gov.tw/health/201708/project_1.html

馬海霞、鄭芬芳等（2012）。心智功能障礙者老化評估使用手冊暨紀錄表。臺北市：育成社會福利基金會。

陳光棻（譯）（2018）。吞嚥力：讓你遠離體力衰退、免疫力下降、意外窒息與吸入性肺炎（原作者：浦長瀨昌宏）。臺北市：如果出版社。

萬育維（譯）（2004）。老人照護工作：護理與社工的專業合作（原主編：M. Nolan, S. Davies & G. Grant）。臺北市：洪葉文化。

臺北市立聯合醫院（2020a）。《病人自主權利法》與《安寧緩和醫療條例》之不同。取自 https://reurl.cc/g8jjlR

臺北市立聯合醫院（2020b）。什麼是人工營養及流體餵養。取自 https://reurl.cc/3Nllm9

衛生福利部疾病管制局（2009）。衛生署響應 WHO 醫護人員洗手運動，落實手部衛生工作。取自 http://at.cdc.tw/o0U18p

衛生福利部統計處（2021）。2.3.5. 身心障礙者人數按年齡及類別分。取自 https://dep.mohw.gov.tw/dos/cp-2976-61124-113.html

衛生福利部醫事司（2018）。預立安寧緩和醫療暨維生醫療抉擇意願書。取自 https://dep.mohw.gov.tw/doma/cp-2708-7460-106.html

衛生福利部中央健康保健署（2015）。安寧居家支付標準。取自 https://www.nhi.gov.tw/Content_List.aspx?n=BC4B6B42238D5D7A&topn=5FE8C9FEAE863B46

衛生福利部屏東醫院（2011）。胸腔拍擊法（拍痰法）與姿位引流法。取自 https://www.pntn.mohw.gov.tw/public/hygiene/febca1f12b359f370f6a008d41ce7d33.pdf

鄭光慶（1996）。如何發揮特殊體育的功能。竹縣文教，**12**，37-41。

賴柏如（2017）。老年皮膚 part II 疾病＆治療。取自 http://pojulai.blogspot.com/2017/05/part-ii.html

Kübler-Ross, E., & Kessler, D. (2005). *On grief and grieving: Finding the meaning of grief through the five stages of loss.* New York: Simon & Schuster.

Lawton, M. P., & Nahemow, L. (1973). Ecology and the aging process. In C. Eisdorfer & M. P. Lawton (Eds.), *The psychology of adult development and aging* (pp. 619-674). Washington, DC: American Psychological Association.

Mace, R. L. (1998). *Last speech about a perspective on universal design.* Retrieved from https://projects.ncsu.edu/ncsu/design/cud/about_us/usronmacespeech.htm

Sinai, A., Bohnen, I., & Strydom, A. (2012). Older adults with intellectual disability. *Current Opinion in Psychiatry, 25*(5), 359-364.

Torr, J., & Davis, R. (2007). Ageing and mental health problems in people with intellectual disability. *Current Opinion in Psychiatry, 20*(5), 467-471.

Worden, J. W. (1982). *Grief counseling and grief therapy: A handbook for the mental health practitioner.* New York: Springer.

國家圖書館出版品預行編目（CIP）資料

安心養老：心智障礙者老化服務手冊／財團法人育成
社會福利基金會編著. -- 初版. -- 新北市：
心理出版社股份有限公司, 2022.1
面；　公分. --（障礙教育系列；63170）
ISBN 978-986-0744-49-1（平裝）

1.老人福利　2.老人養護　3.心智障礙

544.85　　　　　　　　　　　　　　　110019505

障礙教育系列 63170

安心養老：心智障礙者老化服務手冊

編　著　者：財團法人育成社會福利基金會

董　事　長：陳節如

召　集　人：馬海霞

編輯委員：賴光蘭、朱小綺、鄭芬芳、陳秀娟、王美鳳、李振鴻、王若旆

責任編輯：黃曉玲、許銘麟、黃竹安

協同編輯：蔡岱珍、陳芷沂

執行編輯：林汝穎

總　編　輯：林敬堯

發　行　人：洪有義

出　版　者：心理出版社股份有限公司

地　　　址：231026 新北市新店區光明街 288 號 7 樓

電　　　話：(02) 29150566

傳　　　真：(02) 29152928

郵撥帳號：19293172 心理出版社股份有限公司

網　　　址：https://www.psy.com.tw

電子信箱：psychoco@ms15.hinet.net

排　版　者：龍虎電腦排版股份有限公司

印　刷　者：龍虎電腦排版股份有限公司

初版一刷：2022 年 1 月

Ｉ Ｓ Ｂ Ｎ：978-986-0744-49-1

定　　　價：新台幣 300 元